普通高等学校公共基础系列重点教材

U0621051

DAXUESHENG ANQUANJIAOYU DUBEN

大学生安全教育读本

孙业永　何玉初　程曙文 ◎ 主编

配套
精品教学课件
+学生无纸化
考试平台

中共中央党校出版社
The Central Party School Publishing House

图书在版编目（CIP）数据

大学生安全教育读本 / 孙业永，何玉初，程曙文主编 . -- 北京：中共中央党校出版社，2019.6

ISBN 978-7-5035-6026-2

Ⅰ.①大⋯　Ⅱ.①孙⋯②何⋯③程⋯　Ⅲ.①大学生－安全教育　Ⅳ.① G645.5

中国版本图书馆 CIP 数据核字（2019）第 117173 号

大学生安全教育读本

责任编辑　宗　边
版式设计　李　平
责任校对　汤朝悦
责任印制　钟　琦

出版发行　中共中央党校出版社
　　　　　　（北京市海淀区大有庄 100 号）
邮政编码　100091
网　　址　www.dxcbs.net
电　　话　（010）62808912（发行）
经　　销　全国各地新华书店
印　　刷　三河市恒彩印务有限公司
字　　数　265 千字
版　　次　2019 年 6 月第 1 版　2020 年 7 月第 2 次印刷
开　　本　787 毫米 × 1092 毫米　1/16
印　　张　13.5
定　　价　38.00 元

编 委 会

主　　编：孙业永　　何玉初　　程曙文

副主编：沈建林　　孙　超　　贾景华　　王晨瑜

编　　委：王　琴　　李毅飞　　杨学文　　杨　军

　　　　　徐兴民　　徐　维　　陈　诚　　陈林林

前　言

生命诚可贵，安全大于天。安全是永恒的主题，是生命健康的保障。大学生是即将走向社会的宝贵人才资源，是中国特色社会主义事业的建设者和接班人，肩负着实现中华民族伟大复兴的历史使命。大学生的人身安全和身心健康，不仅关系到本人及其家庭的幸福，同时也是高校与社会稳定和谐的基础。因此，做好大学生安全教育，增强大学生安全意识，提高大学生安全防范能力，是高校思想政治教育的一项重要任务。

随着改革开放的深入推进，我国高等教育迅速发展，呈现出高校管理方式社会化、办学形式多样化、学生结构复杂化，校园与社会相互交叉、相互渗透的特点，高校也由原来单一的封闭型教学单位转变为全方位、多功能、开放型的"小社会"。同时，高校教育教学改革力度加大带来的学习、就业压力和学习生活网络化、社会化引发的外界诱惑等，使得大学生安全问题在多种因素的叠加和交互影响下日益突出，加强高校安全工作迫在眉睫，大学生安全教育的作用和意义也进一步凸显。

2019年2月28日，全国学校安全工作电视电话会议在北京召开，教育部党组书记、部长陈宝生在会议中指出：各级各类学校要推进安全教育课程化、体系化建设，让学生牢记基本安全常识。要通过案例教学加强警示教育，提高学生自护意识和自救能力，主动远离危险环境。为深入贯彻党的十九大精神和习近平总书记总体国家安全观，落实党中央关于加强高校安全教育有关文件精神，结合教育系统实际，现编写这本《大学生安全教育读本》教材。

本教材针对高校大学生安全工作中存在的一些突出问题作了系统、全面的阐述，内容涉及大学生生活和学习的各个方面，包括国家安全、学业安全、人身财产安全、消防安全、交通出行安全、电信网络安全、公共卫生安全、自然灾害防范、安全救护常识等内容。本教材案例丰富，材料翔实；图文并茂，深入浅出；剖析透彻，启发深刻，具有较强的针对性、可读性、知识性和实用性，既可作为大学生增强安全意识、提升自我保护能力的基本教材，又可作为广大高校教师以及从事大学生安全教育工作人员的工具书。

本教材在编写过程中，借鉴和参考了部分学者及专家编写的相关书籍，查阅了大量文献资料，在此向相关作者一并表示感谢。由于编者水平有限，书中难免有不足或疏漏之处，欢迎广大师生在使用本书的过程中批评指正，以便我们能够进一步完善和提高。

编　者
2020 年 3 月

目　录

第一章　祖国利益高于一切
——国家安全

"国家兴亡，匹夫有责"，国家安全关系到国家的安危，关系到每一个国民的切身利益。有国家就有国家安全工作，古今中外，无论处于什么社会形态，或者实行怎样的社会制度，都会视国家利益为最高、最根本的利益，将维护国家安全列为首要任务。维护国家安全，是中国特色社会主义建设事业顺利进行、实现国家长治久安和中华民族伟大复兴的重要保障。所以，每位大学生都应当成为国家安全和利益的自觉维护者。大学生通过对国家安全相关知识的学习，可以提高国家安全意识，树立全面、系统的国家安全观，从而增强公民意识、法律意识和国家安全意识，增强维护国家安全的责任感、义务感和荣誉感，自觉防范和制止危害国家安全的行为。这对于我们国家的稳定发展和长治久安具有深远的现实意义和战略意义。

第一节 国家安全，人人有责

大学时代是大学生世界观、价值观、人生观形成的重要时期，也是国家安全意识养成的重要时期。大学生是未来国家建设的中坚力量，也是国家的希望。大学生的国家安全意识如何，将直接关系到国家的稳定和社会主义建设的成败。国家利益高于一切，珍惜祖国荣誉，维护国家安全和利益，是每个大学生的神圣职责。

一、国家安全的含义

国家安全是随着国家的产生而产生的，国家一旦产生，便有了国家安全问题。国家安全是安邦定国的重要基石，维护国家安全是全国各族人民根本利益所在。由于人口、领土、主权、政府、军事、经济等都是国家存在的必备要素，因而国民安全、领土安全、主权安全、政治安全、军事安全、经济安全是在国家产生时就已经存在的传统国家安全内容，也叫"原生内容"。后来在社会历史发展中，又逐渐出现了文化安全、科技安全、生态安全、信息安全等非传统国家安全内容，也叫"派生内容"。随着经济全球化的发展，非传统国家安全越来越受到各国重视。

二、我国国家安全的发展

随着经济社会的发展和综合国力的提高，我国国内形势发生了很大变化，面临的国际环境也日益严峻，这对我国的国家安全提出了新的挑战，对公民维护国家安全提出了更高的要求。

在2014年4月15日召开的中央国家安全委员会第一次会议上，习近平主席首次提出集政治安全、国土安全、军事安全、经济安全、文化安全、社会安全、科技安全、信息安全、生态安全、资源安全、核安全等于一体的总体国家安全观。总体国家安全观内涵丰富、博大精深，涉及内部安全、外部安全等各个领域，且还会随着时间推移不断与时俱进，是个"大安全"概念，以人民安全为宗旨，以政治安全为根本，以经济安全为基础，以军事、文化、社会安全为保障，以促进国际安全为依托。总体国家安全观既重视外部安全，又重视内部安全；既重视国土安全，又重视国民安全；既重视传统安全，又重视非传统安全；既重视发展问题，又重视安全问题；既重视自身安全，又重视共同安全。

2015 年 7 月 1 日，以总体国家安全观为指导思想的《中华人民共和国国家安全法》（以下简称《国家安全法》）颁布并实施，废止了 1993 年颁布实施的《中华人民共和国安全法》。新《国家安全法》第二条明确规定："国家安全是指国家政权、主权、统一和领土完整、人民福祉、经济社会可持续发展和国家其他重大利益相对处于没有危险和不受内外威胁的状态，以及保障持续安全状态的能力。"

2017 年 10 月，党的十九大报告强调了国家安全的重要性："国家安全是安邦定国的重要基石，维护国家安全是全国各族人民根本利益所在。要完善国家安全战略和国家安全政策，坚决维护国家政治安全，统筹推进各项安全工作。健全国家安全体系，加强国家安全法治保障，提高防范和抵御安全风险能力。严密防范和坚决打击各种渗透颠覆破坏活动、暴力恐怖活动、民族分裂活动、宗教极端活动。加强国家安全教育，增强全党全国人民国家安全意识，推动全社会形成维护国家安全的强大合力。"

阅读延伸

《国家安全法》宣传片

三、危害国家安全的因素与行为

危害国家安全的因素可分为自然因素和社会因素。自然因素主要指"天灾"，社会因素则通常指"人祸"。其中，社会因素又可分为国内和国外因素。国内因素主要有内战、内乱、分裂等，以及各种极端主义。国外因素主要有军事入侵、政治颠覆、文化侵略以及各形式的国际恐怖主义。因此，在 2015 年新颁布的《国家安全法》中，对维护国家安全的任务共规定了 20 条，涉及国家主权、人民的根本利益、领土完整、经济、能源、粮食、文化、网络与信息、民族团结、宗教、生态环境等多个方面。其中危害国家安全的行为可以归纳为以下内容。

图 1-1 《中华人民共和国国家安全法》

（1）任何叛国、分裂国家、煽动叛乱、颠覆或者煽动颠覆人民民主专政政权的行为；窃取、泄露国家秘密等危害国家安全的行为；境外势力的渗透、破坏、颠覆、分裂活动。

（2）破坏社会主义核心价值观，宣扬不良文化。

（3）网络攻击、网络入侵、网络窃密、散布违法有害信息等网络违法犯罪行为。

（4）制造民族纠纷，煽动民族分裂，破坏国家统一、民族团结和社会和谐的行为。

（5）破坏公民宗教信仰自由和正常宗教活动的行为，破坏宗教独立自主自办的原则、利用宗教名义进行危害国家安全的违法犯罪活动，境外势力干涉境内宗教事务、破坏正常宗教活动秩序的行为，一切形式的邪教违法犯罪活动。

（6）一切形式的恐怖主义和极端主义。

（7）捏造、歪曲事实，发表、散布不实言论或报道，煽动社会矛盾，破坏公共卫生、社会安全等影响国家安全和社会稳定的突发事件。

案例

2012年，广东某高校大学生徐某因父母都在农村，家境不太宽裕，于是在QQ群里发了求助帖"寻求学费资助2000元"。不久，一网名为"Miss Q"的人回帖，表示愿意提供帮助，第二天，徐某就收到2000元汇款。"Miss Q"自称是"一家境外投资咨询公司的研究员"，需要为客户"搜集解放军部队装备采购方面的期刊资料"，希望徐某协助搜集，作为资助学费的回报。徐某答应后就到军港拍摄军事设施和军舰，到船厂观察、记录在造在修船舰的情况，并将有船舰方位标识的电子地图做成文档，提供给"Miss Q"。2013年5月，徐某被国家安全机关依法审查。

分析

境外间谍利用做兼职、发调查问卷之类的名目吸引大学生，给予他们高额报酬；刚开始提的要求一般都比较简单，然后再安排搜集、窃取情报的任务。在全球化时代，大学生更容易被境外敌对势力所利用。因此，加强国家安全方面的教育，让大学生了解国家安全的重要性至关重要。

四、大学生维护国家安全的使命

当前，境外敌对势力对我国进行"西化""分化"的战略图谋开始转向文化渗透，国内高校成为他们渗透的主要阵地，在校大学生成为主要对象。《中华人民共和国宪法》第五十四条规定："中华人民共和国公民有维护祖国的安全、荣誉和利益的义务。"可见维护国家安全是包括大学生在内的每一个公民的神圣职责。因此，当代大学生不仅要全面审视我国当前面临的国内外安全形势，更要深刻认清自身在维护国家安全方面所肩负的使命。具体要求有以下几个方面。

（一）要熟悉有关国家安全的法律、法规

涉及有关国家安全的法律、法规、规章制度有很多，大学生都应该有所了解，弄清什么是合法、什么是违法，能做什么、不能做什么。其中，特别应当熟悉一些法律、法规，如《中华人民共和国宪法》《国家安全法》《中华人民共和国保守国家秘密法》《中华人民共和国刑法》《科学技术保密规定》等，对遇到的法律界限不清的问题，要肯学、勤问、慎行。

图1-2 《中华人民共和国保守国家秘密法》

（二）要善于识别各种伪装

从理论上讲，有关国家安全的规定已比较完善，依规行事不会出什么大问题，但是，现实情况比我们想象的要复杂得多。比如有的间谍情报人员采用五花八门的手段，套取国家秘密、科技政治情报和内部情况，如果丧失警惕，就可能上当受骗，甚至违法犯罪。因此，在对外交往中，既要热情友好，又要内外有别、不卑不亢；既要珍惜个人友谊，又要牢记国家利益；既可争取各种帮助、资助，又不失国格、人格。识别伪装既难又易，关键就在淡泊名利，对发现的别有用心者，依法及时举报，坚决进行斗争。

（三）维护民族团结，反对民族分裂

我国是一个多民族的国家，各民族之间的经济文化交流和友好交往，一直是历史的主流。事实证明，中华民族作为世界上最优秀的民族之一，在社会主义现代化建设的今天取得如此重大的成就，正是因为我们的民族团结。民族团结是社会主义民族关系的基本特征和核心内容之一，也是党和国家追求的目标。各民族之间的团结，是以中国共产党的领导为核心，是以社会主义制度和祖国统一为基础。民族团结是社会安定、国家昌盛和民族进步繁荣的必要条件。中国的民族团结与国家统一有着内在的联系。民族团结的原则要求各族人民热爱祖国、维护统一，严密防范和坚决打击各种民族分裂活动，勇于与分裂恐怖势力作斗争。

（四）正确认识宗教、防止邪教侵害

大学生要坚决抵制邪教的侵害，要加强自身反邪教知识的学习，自觉成为

崇尚科学、反对邪教的实践者、宣传者和教育者，切实提高识别和抵制邪教的能力。坚持以科学的态度对待一切：生病了，要及时到医院就诊；遇到不顺心的事，要学会放松和缓解，加强心理科学知识的学习，正确对待人生的坎坷，始终保持良好的健康心态，千万不要为寻求精神寄托而误入邪教的泥潭。

（五）保守国家秘密，防止失密、泄密

我国在政治、经济、科技、文化等各领域都有了飞跃式发展，境外一些间谍情报机关和各种敌对势力把我国作为他们颠覆、渗透和破坏的主要目标，从没有停止过危害我国安全的活动。他们正在并将继续利用我国扩大开放等时机，以公开的、合法的身份，通过各种渠道和途径，广泛收集、窃取、刺探我国经济、科技等情报，从事危害我国国家安全和利益的活动。与此同时，国内极少数敌视社会主义的分子，也极力寻求境外一些间谍情报机关和其他敌对势力的支持，与其相互勾结，进行破坏。

阅读延伸

国家安全微电影：《密战》

（六）要积极配合国家安全机关的工作

国家安全机关是国家安全工作的主管机关，是与公安机关同等性质的司法机关，分工负责间谍案件的侦查、拘留、预审和执行逮捕。当国家安全机关需要大学生配合工作时，每名学生都应当按照《国家安全法》赋予的义务，认真履行职责，尽力提供便利条件或其他协助，如实提供情况和证据，做到不推、不拒，更不以暴力、威胁方法阻碍执行公务，还要切实保守好已经知晓的国家安全工作的秘密。

案例

某高校博士李某，在境外参加学术会议期间，结识了一名自称某国际研究机构研究员的男子皮特。经过长达一年的交往，皮特提出可以为李某办理"绿卡"，条件是李某要向其提供正在参与的涉密科研项目情况。李某将此情况通过"12339"举报电话向国家安全机关反映。经国家安全机关核查，发现皮特正是境外间谍情报机关人员，及时指导李某摆脱了其纠缠，有效避免了国家利益受损。由于举报及时，李某不但没有受到处罚，还受到了国家安全机关的奖励。

分析

　　大学生要积极了解《国家安全法》《中华人民共和国反间谍法》及其实施细则等国家安全法律法规，在高校及社会上营造出"反奸防谍、人人有责"的浓厚氛围。大学生通过这方面的教育和培训，不断提高国家安全意识和防范、制止间谍行为的能力，练就一双"火眼金睛"，让各种间谍行为无处遁形，努力构筑起反奸防谍的"钢铁长城"，切实维护国家安全。

第二节　维护和平，止暴制乱

　　众所周知，恐怖主义、极端主义是人类社会共同的敌人，反恐、反极端化是国际社会的共同责任，也是保障人权的必要措施。当前，中国的暴力恐怖事件呈多发频发态势，对中国的国家安全和人民的生命财产安全构成严重威胁。防范和打击恐怖主义既是现实需要，也是保障国家安全的重要内容。

一、什么是恐怖组织

　　恐怖组织是由恐怖分子组成的网络与组织，这些组织通常分布于世界各地，通过各种极端的行为与手段来发泄、引起关注或强迫他人接受自己的主张。在世界范围内，被大多数国家认定为恐怖组织的主要是制造骇人听闻的重大伤亡事件，进行跨国恐怖行动，袭击目标为平民或公共设施

图1-3　美国"9·11"恐怖袭击

等的极端宗教组织、极端民族主义组织和极端政治组织。2001年发生在美国的"9·11"事件是一起严重的恐怖袭击事件。

案例

　　2001年9月11日上午，两架被恐怖分子劫持的民航客机分别撞向美国纽约世界贸易中心一号楼和二号楼，两座建筑在遭到攻击后相继倒塌，世界贸易中心其余5座建筑物也受震而坍塌损毁；另一架被劫持的客机撞向位于华盛顿的美国国防部五角大楼，五角大楼局部结构损坏并坍塌。

📝**分析**

"9·11"事件是发生在美国本土的最为严重的恐怖攻击行动，遇难者总数高达2996人。事件发生后，全美各地的军队均进入最高戒备状态。此次事件对全球经济所造成的损害甚至达到1万亿美元左右，对美国民众造成的心理影响极为深远，美国民众在经济及政治上的安全感均被严重削弱。

图1-4 《中华人民共和国反恐怖主义法》

为了防范和惩治恐怖分子，加强反恐怖主义工作，维护国家安全、公共安全和人民生命财产安全，2011年10月19日，十一届全国人大常委会第二十三次会议表决通过了《关于加强反恐怖工作有关问题的决定》。这是我国第一个专门针对反恐工作的法律文件，对恐怖活动、恐怖活动组织、恐怖活动人员作出界定，反恐立法迈出第一步。2015年12月27日，十二届全国人大常务委员会第十八次会议通过了《中华人民共和国反恐怖主义法》，并于2016年1月1日起施行。

《中华人民共和国反恐怖主义法》对恐怖主义、恐怖活动、恐怖活动组织、恐怖活动人员和恐怖事件均作了界定。恐怖主义，是指通过暴力、破坏、恐吓等手段，制造社会恐慌、危害公共安全、侵犯人身财产，或者胁迫国家机关、国际组织，以实现其政治、意识形态等目的的主张和行为。恐怖活动，是指恐怖主义性质的行为：组织、策划、准备实施、实施造成或者意图造成人员伤亡、重大财产损失、公共设施损坏、社会秩序混乱等严重社会危害活动的；宣扬恐怖主义，煽动实施恐怖活动，或者非法持有宣扬恐怖主义的物品，强制他人在公共场所穿戴宣扬恐怖主义的服饰、标志的；组织、领导、参加恐怖活动组织的；为恐怖活动组织恐怖活动人员实施恐怖活动或者为恐怖活动培训提供信息、资金、物资、劳务、技术、场所等支持、协助、便利的。恐怖活动组织，是指三人以上为实施恐怖活动而组成的犯罪组织。恐怖活动人员，是指实施恐怖活动的人和恐怖活动组织的成员。恐怖事件，是指正在发生或者已经发生的造成或者可能造成重大社会危害的恐怖活动。

二、我国反恐形势

我国恐怖活动发生的原因有经济原因、国际政治原因、地缘环境影响原因等。随着国际国内形势的发展，各种国际势力重新组合，当前，中国国内恐怖主义存在着与以往不同的特点。

（一）国际敌对势力和地缘环境影响

国际政治原因主要是指某些西方国家试图"西化""分化"中国的图谋从未停止。西方的敌对势力不愿看到中国的强大，他们想尽办法，企图策划一场没有硝烟的战争，分化中国。美国在国际舞台上的反恐行动执行的是双重标准，他们根据自己的利益需求，打击一方，支持另一方。他们一方面把中东敌对国家定义为支持恐怖主义的放纵国家并对其实施打击；另一方面对"世维会"等民族分裂势力不断纵容，从而导致恐怖主义活动越来越严重。

地缘环境的影响是指新疆由于特殊的地理位置导致该地区恐怖主义犯罪猖獗。新疆地处亚欧大陆中部，与俄罗斯、巴基斯坦、阿富汗等八国接壤，是古今的战略要地。该地区边境线较长，各国的边防部门难以对各自边境进行有效控制，这种特殊的地缘特征为恐怖主义活动提供了便利条件。近几年，新疆恐怖分子在这些地区受到"基地"组织的特殊训练，学习恐怖策略、爆炸、射击等相关技能，并且得到了"基地"组织金钱、物资上的资助。

（二）恐怖主义与民族分裂主义、宗教极端主义联系密切

我国的恐怖主义犯罪与民族分裂主义和宗教极端主义密切相连，形成"三股势力"，他们大搞暴力恐怖活动，残杀无辜，挑起暴乱骚乱。长期以来，"疆独""藏独"披着民族宗教的外衣，自我标榜为民族宗教的"圣斗士"，实则行分裂国家之实，进行赤裸裸的恐怖主义活动。从恐怖主义的历史和现实来看，民族主义总是被恐怖主义拿来做旗帜，极端恐怖主义者总是打出"独立""自

图 1-5　坚决打击"三股势力"

由""民族自决"的旗号来宣传愚弄群众，宗教极端主义往往以宗教说教为幌子，以遭受"宗教迫害"为借口，利用人们虔诚的信仰来达到其政治目的。

（三）恐怖活动范围扩大

我国发生的恐怖活动事件由新疆等边疆地区向内地延伸。自1992年新疆发生第一起暴恐事件开始，此类事件绝大多数都发生在暴恐分子长期生活的新疆地区。但暴恐分子为了在国际社会造势，提高影响力，将恐怖主义的活动范围不断扩大。在近期发生的恐怖事件中可以发现，新疆恐怖分子已经不仅仅在新疆地区

图1-6　新疆"12·28"墨玉暴恐袭击事件

进行恐怖主义活动，他们四处流窜，妄图将自己的活动范围延伸到新疆以外的全国各地。2013年10月28日发生的"天安门金水桥事件"，2014年3月1日发生于昆明的暴力恐怖袭击事件就是新疆恐怖主义犯罪活动范围由疆内向疆外蔓延的有力证明。

案例

2014年7月28日，新疆维吾尔自治区莎车县发生一起严重暴力恐怖袭击案件。一伙暴徒持刀斧袭击艾力西湖镇政府、派出所，并有部分暴徒窜至荒地镇，打砸焚烧过往车辆，砍杀无辜群众，造成数十名群众伤亡，31辆车被打砸，其中6辆车被烧。途经此地的墩巴克乡乡长和乡纪委书记严厉斥责暴徒行径，惨遭杀害。

分析

面对复杂严峻的反恐斗争形势和各族群众急切要求打击暴恐犯罪的强烈呼声，中国政府果断采取坚决措施，依法严密防范和严厉打击暴力恐怖犯罪。截至2018年10月，新疆地区已连续21个月未发生暴力恐怖案件，包括危安案件、公共安全事件在内的刑事案件、治安案件大幅下降，社会治安状况明显好转，宗教极端主义渗透得到有效遏制，各族群众安全感显著增强。

三、恐怖组织的犯罪特点

（一）犯罪手段的特点

暴力恐怖分子常用的手段有常规手段和非常规手段。

1. 常规手段

（1）刀斧砍杀袭击。恐怖分子多使用砍刀等，个人极端暴力袭击者多使用匕首或菜刀等管制刀具在广场、车站等人员密集场所袭击不特定人员。

（2）爆炸袭击。一般发生在公共汽车、地铁、飞机等公共交通工具上，以及车站广场、大型活动现场等人员聚集场所。

（3）纵火袭击。袭击者利用汽油、酒精、柴油等易燃物在公共汽车、地铁等公共交通工具上或公共聚集场所实施的放火袭击。

（4）枪击。主要有手枪射击、制式步枪或冲锋枪射击等。

（5）劫持。武力劫持飞机、汽车等交通工具或某些场所的不特定人员。

（6）驾车冲撞碾压。把汽车作为暴力袭击工具，包括冲撞机动性建筑、重要设施等，也包括在公共场所冲撞人群的行为。

（7）投毒。为报复或泄私愤，向报复对象及不特定人群的食物或饮用水等投放农药、鼠药等有毒有害物质。

2. 非常规手段

（1）网络袭击。利用网络散布或传播恐怖信息，组织恐怖活动，利用网络黑客攻击特定的电脑程序和信息系统等。近年来，网络恐怖袭击手段在国内外发展迅速，危害很大。

（2）生化袭击。为制造恐怖气氛或报复社会而向公共场所、特定人群、特定设施投放化学毒剂、生物毒素或放射物等有毒有害物质。

（3）核与辐射袭击。通过核爆炸或放射性物质的散布，造成环境污染或使人员受到辐射伤害。

（二）案件发生地的特点

暴力恐怖袭击案件易发、高发的场所和地点主要有：公共汽车、火车、地铁、飞机等公共交通工具上；火车站、汽车站、地铁站、机场以及商场、娱乐场所、各类市场、市民广场等人群集聚的公共场所；幼儿园和中小学校园或门口以及校车上；公检法机关及政府机关办事大厅等。

案例

2014年3月1日晚，5名统一着黑色服装的"东突"分子持械冲入昆明火车站，经站前广场、第二售票区、售票大厅、小件寄存处等地，打出暴恐旗帜，肆意砍杀无辜群众。警方赶到现场后，对火车站实施封锁，在警察使用3次催泪弹无效后，当场击毙4名恐怖分子、击伤抓获1人。此次暴恐案件致29人死亡，143人受伤，其中40人系重伤。现场留下约300米长的血迹，伤者多集中在售票厅，大多为购票乘车的乘客。

分析

昆明火车站暴力恐怖案一审宣判，以组织、领导恐怖组织罪，故意杀人罪，数罪并罚判处3名被告人死刑；以参加恐怖组织罪、故意杀人罪，数罪并罚，判处1名被告人无期徒刑。不论在任何国家、任何社会、任何时代，针对无辜者，以平民为攻击目标的暴力袭击行为，就是不折不扣的恐怖暴力犯罪，是任何冠冕堂皇的理由、借口都无法为之辩解的。不管喊出怎样动听的口号，对无辜平民施暴，将整个社会当作敌人的组织和个人，也注定会被整个社会视作罪犯，对这样的团伙、个人，不应给予任何同情、支持和附和。

阅读延伸

云南昆明严重暴力恐怖事件：独家专访击毙暴恐分子的特警

四、校园恐怖案件的紧急处理

（一）迅速控制可疑分子

在校园内发现形迹可疑、四处游荡、可能作案的可疑分子，目击人员应当立即向当日学校值班行政和学校突发安全事件应急处理救援指挥报告。若可疑分子自述进入学校的目的明显缺乏可信度，无人证、物证可以证明，甚至说话前后矛盾、蛮不讲理，应当将其带入门卫室进一步盘问，同时要封锁大门。若有证据表明可疑分子是危险分子或犯罪嫌疑人，应当立即打110报警电话报警，由警方带走做进一步调查。若可疑分子在被盘问时夺路逃跑，校内目击人员应当将其相貌、身高、衣着及其他特征和逃走方向向警方报告。在整个过程中，学校应当采取切实有效的措施，防范可疑人员使用暴力，要确保周围人员的安全。

（二）防范易燃易爆、有毒有害物品

收到可疑邮包或发现可疑物品的任何个人都应当在第一时间向当日学校值班行政和学校突发安全事件应急处理救援指挥报告。可疑邮件包括：邮戳异常（寄包人地址与邮戳地址不符）、字体奇特、打印粗劣以及收件人姓名、形状、重量、气味、包装包扎、邮包内的声音等异常。其他可疑物品包括：物品外表、重量、气味可疑，不是本校的物品，也从未看到过此种物品，不知此物品有何用途，为何会摆放在校园内某处。

发现可疑邮包和可疑物品的任何人员，都不应当试图打开或随意摆弄。要禁止在周围吸烟或使用手机、对讲机或发动机动车辆等。若可疑邮包和物品被警方确定为危险物品，学校应当立即在其周围设置警戒线，无关人员应当立即撤离，并采取严密的防范措施，应当配合警方组织人员在校内其他区域搜寻检查，确定是否还有其他可疑物品。

（三）集结力量阻止犯罪分子行凶

当暴力恐怖案件发生后，获得事件信息的任何个人都应当在第一时间向当日学校值班行政、年级分管领导和学校突发安全事件应急处理救援指挥报告，同时通信联络组向公安、消防、救护、政府有关部门、单位求援，争取外援迅速赶到

事件现场，并保证学校应急救援组织信息畅通。警戒保卫组组织人员实施事件现场警戒，阻止无关人员进入学校，维护现场秩序，防范别有用心的人滋事，引导外部救援人员进入事件现场。

（四）个人紧急应对措施

当形势已经危及人身安全时，要点是尽最大努力使个人脱离危险场景，然后再寻求其他帮助。首先是逃跑，快速辨明袭击的来源和方式，选择保障自身安全的方式，迅速逃离危险区，如遇有枪击曲线跑，遇有砍杀直线跑，遇有车辆冲撞向两侧跑。其次是躲藏，逃离袭击者视线后，根据现场情况选择店铺、房间、树木、车体躲藏，并顺手拿起身边的工具等进行自卫；尽可能保持安静，及时把手机调至静音，适时用短信等方式向警方求救；遇到爆炸时迅速卧倒，或就近寻找掩体，顺手使用遮挡物护住身体的重要部位和器官；如果受伤严重不能逃也不能躲，可装死。最后是互相帮助，帮助的前提是自保，在确保已脱离暴力袭击者的袭击范围并保证自身安全的情况下求救，保障儿童、妇女快速撤离，力所能及地救助伤员。

第三节　崇尚科学，拒绝邪教

邪教是阻碍人类社会发展的一大毒瘤，邪教的滋生蔓延、发展壮大及其进行的一切破坏行动已经严重影响到国家社会安全和当代大学生的培养。大学生要认识邪教的本质及危害，精准地辨识邪教组织，提高防范意识，从而抵制其思想侵蚀，远离邪教。

一、邪教组织概述

国外学者从社会学角度出发，认为邪教组织是以科学、宗教或治病为幌子，掩盖其对信徒的权利、精神控制和盘剥，以最终获取信徒无条件效忠和服从，并使之放弃社会共同价值观（包括伦理、科学、公民、教育等），从而对社会、个人自由、健康、教育和社会体制造成危害的团体。

图1-7　邪教控制人心和聚敛钱财

结合现代司法学来讲，邪教是指危害社会、危害家庭、危害人权的具有"教主崇拜、精神控制、秘密结社、聚敛钱财、残害信徒、危害社会"六大特征的违法组织。"邪教"一词是中国传统文化中对这种反社会组织的称呼，现在国外一般称这种组织为"极端膜拜团体"。

我国现行法律对"邪教"的定义是：邪教组织是指冒用宗教、气功或其他名义建立的一种神化首要分子，利用制造、散布迷信邪说等手段蛊惑、蒙骗他人，发展控制成员，危害社会的非法组织。

另外，《最高人民法院、最高人民检察院关于办理组织和利用邪教组织犯罪案件具体应用法律若干问题的解释》对邪教危害社会行为及承担的法律责任作出了明确规定，其中第四条规定："组织和利用邪教组织制造、散布迷信邪说，指使、胁迫其成员或者其他人实施自杀、自伤行为的，分别依照刑法第二百三十二条、第二百三十四条的规定，以故意杀人罪或者故意伤害罪定罪处罚。"第七条规定："组织和利用邪教组织，组织、策划、实施、煽动分裂国家、破坏国家统一或者颠覆国家政权、推翻社会主义制度的，分别依照刑法第一百零三条、第一百零五条、第一百三十一条的规定定罪处理。"我国《刑法》有相应的规定，其中第三百条规定："组织、利用会道门、邪教组织或者利用迷信破坏国家法律、行政法规实施的，处三年以上七年以下有期徒刑，并处罚金；情节特别严重的，处七年以上有期徒刑或者无期徒刑，并处罚金或者没收财产；情节较轻的，处三年以下有期徒刑、拘役、管制或者剥夺政治权利，并处或者单处罚金。组织、利用会道门、邪教组织或者利用迷信蒙骗他人，致人重伤、死亡的，依照前款的规定处罚。犯第一款罪又有奸淫妇女、诈骗财物等犯罪行为的，依照数罪并罚的规定处罚。"

阅读延伸

反邪教宣传短片：《"法轮功"危害大》

二、邪教组织的具体特征

纵观历史上各种形式的邪教，可以发现邪教组织最本质的特点，对现实生活中的凡夫俗子的教主绝对神话并盲目崇拜，而教主以欺骗讹诈的手段树立自身超自然的教主地位，散布各类迷信邪说，骗取他人钱财，对信徒进行精神摧残，甚至用暴力手段危害社会。具体特征有以下几个方面。

第一，具有被神化的教主，存在严重的教主崇拜。教主拥有绝对权威和至高权力，他的话就是绝对真理，教徒必须绝对服从。以"法轮功"邪教组织为例，教主李洪志就极力神话自己，吹嘘自己能主宰、拯救人类，甚至还能再造地球上的一切物种，再造地球。

第二，实施精神控制，对入教者"洗脑"。邪教组织通常强行灌输其教义，要求信徒彻底抛弃过去的思想信仰以成新人。李洪志就要求"法轮功"习练者不仅要练功，重要的是还要学"法"，学习他编造出来的歪理邪说，抛弃常人之心，彻底跟随"法轮功"邪教组织。

图1-8 邪教的教主崇拜

第三，宣扬具体的"末世论"。它们声称"现实世界中魔鬼当道，社会腐败，世界末日即将来临，只有加入和跟随他们的组织才能得以解救"。李洪志就宣称"地球要毁灭"，而修炼"法轮功"可以"根本地解决人的痛苦""提高层次"以逃离劫难。

第四，秘密结社。各种邪教组织通常都有严密的组织体系，要求信徒绝对服从教主，严禁脱离和背叛邪教组织。他们采取诡秘的联络方式，秘密开展非法活动，具有明显的秘密结社性质，而一般信徒并不了解其内幕。

第五，反科学、反社会、反人类。现代社会提倡实事求是和对一切事物作理性思考的科学态度，而邪教组织却采取欺骗、恐吓的手段对信徒进行精神控制，践踏人的基本权利，摧残人的身心健康甚至残害人的生命，诱使信徒脱离现实社会，无视事实真相，抵制科学知识，打消对教主的一切怀疑，不假思考地盲目崇拜、盲目信仰。邪教组织宣扬人类堕落和世界末日，夸大社会矛盾，用歪理邪说指导追随者进行各种危害社会的活动。

▼ 案例

安徽省霍邱县卢某加入"全能神"两年后，想要退出，却被当时的"介绍人"威胁："你要是不干了，神定会惩罚你的，灭了你和你的家人，包括你的孙子！"卢某曾经看过教会惩罚不听话的人，想起那种毒打场面和威胁的话，便不敢再多说一句。卢某迫于"全能神"的威胁，为了不牵累家人而投河自尽。

▼ 分析

> 邪教组织"全能神"，又称"东方闪电""七灵派""女基督派""实际神"，是由"呼喊派"骨干赵维山于1989年创立的，系基督教新教地方教会运动的变种组织，是当前国内最具危害力的邪教组织之一。该派崇拜一名被称为"女基督"的神秘女子，打着基督教的旗号，散布他们的歪理邪说，严重危害了基督教会的健康发展及社会的正常秩序。

三、邪教与宗教的区别

（一）思想信仰体系和理论体系不同

宗教以其博大精深的经典、教义构成完备的宗教理论体系，并成为人类文化的重要组成部分。而邪教没有正当和完整的思想理论体系，只有些支离破碎的迷信邪说，邪教盗用宗教概念和术语，危言耸听，愚弄世人，企图达到不可告人的罪恶目的。

（二）信仰和崇拜的对象不同

宗教所信奉的神灵都是远离现实社会的，是现实中不存在的精神偶像。如基督教的上帝、伊斯兰教的安拉等，在现实中并没有客观的实体。神化教主，大搞教主崇拜是当代邪教的主要特征。邪教头目利用某些人难以把握个人命运的脆弱心理和愚昧落后的迷信观念，歪曲利用宗教的概念，自诩为救世主，宣扬自己所谓的各种特异功能，迷惑信众，对追随者实施专制统治。

（三）对"末世论"的阐述不同

宗教用来引导信徒忘却现实苦恼而企盼未来幸福生活和向往彼岸的世界，缓和社会矛盾，因而具有对民众进行"教化"的功能和维护社会稳定的作用。但是，"末世论"被邪教利用后，成为邪教反社会、反科学的主要邪说，用以恐吓世人，加强对信徒的精神控制，具有破坏正常社会秩序的负面功能和危害人民生命财产安全的消极作用。宗教认为"世界末日"的来临在遥远的未来，引导人们祛恶向善。而当代邪教却篡改成"世界末日"即将来临，只有加入其教，才能得到拯救。以此来恫吓、胁迫人们，并借此实现其建立神权统治的野心。

（四）组织结构和社会功能不同

当代各种宗教，无论传统宗教还是新兴宗教，都具有与社会形态良好的适应性。它们多以济世、护国、利民为宗旨，以遵纪守法为己任，其活动都能在法律范围内进行，在社会的各个方面发挥特有的协调功能和平衡作用。邪教则不然，其本质特性是反人类、反科学、反社会、反政府。因此，邪教组织及其活动必然是诡秘的、邪恶的、难见天日的，往往还有严密的组织结构，采取秘密结社的方式进行非法活动，行为十分诡秘。

案例

2013 年至 2014 年，李某先后 7 次到山东省德州市平原县内领导、组织策划邪教活动，发展教徒。平原县人赵某、魏某、邹某、张某积极参加并宣传"门徒会"。李某任"门徒会"小分会负责人，赵某任教会执事，魏某、邹某、张某任分会点执事，5 人经常在一起祷告，相互交流"见证"，制订下一步发展计划，积极向他人传教。2014 年 7 月 23 日，平原县公安民警将正在聚会的李某等 5 人抓获，当场查获"门徒会"邪教资料。

分析

"门徒会"由陕西省耀州区农民季三保于 1989 年创立，又称为"旷野窄门""三赎基督"等。该组织多利用家族关系、血亲关系组成的庞大关系网发展信徒，通过"家庭聚会点"活动、"亲传亲""友传友"等方式，打着"信奉基督教""传福音"的幌子，散布"人类将有大劫难""祷告神灵天道能治病""死人得复生""吃赐福粮"等歪理邪说，并编写"见证"材料等形式诱骗不明真相的群众，拉拢群众入会。

四、邪教组织的防范

（一）崇尚科学，树立正确的理想信念

首先要树立崇高的理想信念，筑牢抵制邪教的思想基础，树立正确的世界观。大学生一定要树立崇高的理想信念和正确的世界观，培养高尚的道德情操，在服务祖国、服务社会中实现自己最大的人生价值，确保中国特色社会主义事业兴旺发达、后继有人。

掌握科学知识，树立科学理想。作为跨世纪的年青一代，一定要树立科学观念，不断地更新知识，厚积知识储备，掌握科学方法，培养科学精神，养成科学的思维方式，用科学的理念分析、判断、应对伪科学的东西，切实提高辨别是非、真伪的能力，用自己的实际行动抵制邪教、远离邪教。

（二）认清邪教本质，增强抵御能力

要充分认清邪教的本质及其危害，不断增强识别邪教、抵制邪教的能力；要深刻认识稳定、和谐因素是国家的大局，是民族振兴的关键；防范和处理邪教的工作，就是消除不稳定、不和谐因素以构建和谐社会的重要环节。因此，广大青年学生要充分认识这场斗争的复杂性，增强社会责任感，支持并协助学校和地方

政府认真开展反邪教警示教育。

（三）珍爱生命，关爱家庭

邪教通过欺骗、引诱、胁迫等手法，把人们的命运牢牢地套在它们的"精神控制"之中，一些愚昧的信教人员在"世界末日""升天"等歪理邪说的驱使下，放弃生命，不顾生死、家庭，走向极端，充当邪教的"殉葬品"。作为热爱生活、珍爱生命、关心家庭的青年学生，必须充分认清邪教泯灭亲情人性、残害他人生命的邪恶本质，认清邪教对人们自身、对家庭、对社会的严重危害。

（四）要坚决做到不听、不信、不传

图1-9 警惕邪教宣传

为了避免上当受骗，免受迷信之苦、邪教之害，大学生要始终做到不听、不信、不传，即不听邪教的宣传，不信邪教的谬论，更不要传播邪教。如果自己在原籍误练上"法轮功"或误入其他邪教，入校后，要主动向学校讲清自己的情况，积极接受学校的帮教，坚决与邪教组织决裂；如果自己的同学、亲属、朋友信了邪教，要提醒他们千万别上当，要脱离邪教；对于邪教人员的拉拢，要提高警惕，防止受骗；家里收到邪教宣传信件，要及时劝家长上交到当地居委会、村委会或单位；本人若收到邪教寄来的信件、光盘等反动宣传资料，要及时交给老师或学校保卫部门；在网上电子邮箱中收到邪教的邮件，要立即删除，不要相互传看。

阅读延伸

反邪教宣传微电影：《迟到的祝福》

安全之窗

如何脱离邪教组织

有时候很难辨认某个团体是否邪教，但是当你发现自己与邪教有关，想要离开会变得异常困难。没有一个组织或团体会承认自己是邪教组织，当你被禁止提问，禁止自己做决定或禁止与领导人有不同意见，那你可能就身处邪教了。任何

人都可能加入邪教，但并不是每个人都有勇气离开邪教重新回归主流社会。想要脱离邪教，必须要仔细规划并找到合适的方法从精神和情感虐待中恢复过来。

第一步：离开

如果你身处邪教，并与其他信徒居住在一起，那就准备好打包离开。带一身换洗衣服、手机、身份证等个人物品，或者其他任何有情感价值的物品。把包藏好不让任何人发现。如果你觉得随时都能离开，请把手机、身份证、钱财或者贵重物品随身携带；如果你认为别人可能发现你的包，不要冒险。需要的话可以把个人财物留下。要是有人问你为何打包，想好应对答案。

想想除邪教以外你所认识的可能在某种程度上帮到你的人，可以是你的朋友、医生、邻居、同学或者任何人。把他们的名字写下来，并在名字旁边写上能帮到你的事情，无论是订餐、找工作还是躲起来不被其他邪教信徒发现。等到安全时联系这些人。

如果你离开了邪教，试着先找一个安全的藏身之所。可以考虑和那些未加入邪教的家人或朋友待在一起，或者在自己的区域找一个庇护所。如果你认为离开邪教后有危险，那么去找警察。他们能帮你找到安全的处所。如果你还是个孩子，这可能是最好的办法了。

如果你被禁止自由出入，当有人来参观教派，或者你被带出邪教的住所或社区时，你可以找个机会离开。如果附近有公交车站，就坐大巴走；或者搭乘出租车；又或者让朋友或家人来接你。

如果你是自己住，不要去见任何邪教信徒，与他们断绝联系。在他们集会的时间做点其他事情。如果一直无所事事，那么你最终还会回到这个组织。把以前用于集会的时间去看望朋友或家人。提前想好其他信徒可能会问的问题。为了避免再一次被拉回邪教，预先想好该怎么回答。

第二步：保证安全

离开的计划不要告诉邪教的任何人。他们可能会说服你放弃。如果和他们住一起，他们可能会更加密切监视你，这样想要逃离的几率又更小了。像往常一样参加各种活动，以避免任何怀疑。

千万要谨慎，不要轻易相信任何教派内的人。即使有些人看上去站你这边，他们也随时会改变主意，稍后会透露你的行踪。除非你能完全隐藏自己的踪迹，否则离开之后还是需要了解邪教内部发生的事情。尽可能简洁记录并写下细节。如果合法，可以考虑录下发生的对话。如果你需要寻求执法机关的帮助，这些互动日志可以有助于你。邪教可能会试图说服你回去。提前想好回复，不至于再次被骗入教。你可以这样说："我不想再加入这个教派了。请不要再联系我。"不要主动联系任何仍在教派的人，也不要试图说服他们放弃自己的信仰。这不管用，相反，你有可能会被拽回这个邪教。

如果邪教信徒骚扰、威胁或跟踪你，请及时告知警方。如果邪教内部有任何不法行为，或者你认为该邪教可能威胁到他人生命时，应立即通知有关当局。比如，邪教内部有人遭受性侵，你应该立即报警。

安全问答
国家安全知识测试题

第二章　求知路漫漫，安全伴我行

——学业安全

大学校园作为大学生进入社会开始独立生活的第一站，对每一位学子未来的发展都有至关重要的影响。随着教学内容及教学方式的多样化，高校面临的大学生学业安全方面的挑战越来越多，大学生在实验活动、体育活动及社会实践活动中发生安全事故，不仅会给本人造成巨大的身心伤害，也会给家庭带来沉重的经济和精神负担，严重的还会影响到学校的教学活动、企业的正常生产经营。所以，大学生在各种活动中应加强防范意识、掌握安全知识、强化预防措施。

第一节 实验室安全

高校实验室是从事实验教学和科学研究的必备场所。近年来，高校实验室安全工作取得了积极成效，安全形势总体保持稳定。但是，高校实验室安全事故仍时有发生。实验室中可能会有大量易燃易爆物品、有毒物品、放射性物品，这些都可能成为安全隐患，一旦操作不当或被不法分子利用，就会造成重大安全事故。因此，高校实验室的安全工作不可轻视。

一、增强实验室安全意识

安全意识是消除实验室安全事故的原动力，正确的、自觉的实验室安全意识对于最大限度地消除实验室安全事故具有根本的保障作用。大学生实验室安全意识淡薄，主要表现在操作实验的大学生没有树立充分的实验安全意识和实验室安全意识。如有些大学生进入实验室后，在进行一些涉及强酸强碱或高危化学品的实验操作时，对自身安全防护措施重视不够，甚至徒手作业。这些都对实验操作者和实验室的安全造成极大的安全威胁，一旦疏忽或操作失误，将导致突发安全事故，并对实验人员和实验室造成不可挽回的灾难。

2019 年 5 月 22 日，教育部印发的《关于加强高校实验室安全工作的意见》中指出："各地高校应深入贯彻落实党中央、国务院关于安全工作的系列重要指示和部署，深刻吸取事故教训，切实增强高校实验室安全管理能力和水平，保障校园安全稳定和师生生命安全。"大学生应重视实验室操作前的安全教育，要通过系统学习相关法律法规和涉及教学实验室安全的具体内容，来提高自身的安全意识和对安全风险的科学认知水平。

阅读延伸
实验室安全操作注意事项

二、实验室常发事故

（一）火灾和爆炸事故

实验室中能引发火灾、爆炸的实验器材和试剂有很多种类，在试剂的使用、量取、加热及处置时都要做到谨慎和规范。在实验过程中一旦发生试剂泄漏，遇火源、与其他设备高热接触或是与空气混合达到爆炸极限，极易导致火灾、爆炸事故发生。

火灾、爆炸都是严重的安全事故，事故的发生往往是因为实验人员没有严格按照实验操作规程去做而造成的。比如，化学实验必须在通风柜内进行，密闭系统和有压力的实验必须在特种实验室里进行。

图 2-1 某高校实验室爆炸事故

在实验室内，要严禁非工作用电炉或其他明火。若因实验需要使用，必须远离可燃物和易燃、易爆化学物品，使用中要时刻注意消防安全，停电或停用后要及时切断电源。同时，实验室和实验大楼内严禁吸烟，特别是使用有机溶剂做实验时，绝不允许有明火存在。实验结束后，参加实验的同学不要急于离开实验室，要对实验室进行全面清理，如关闭电源、水源、气源，处理残存的化学物品，清扫易燃的纸屑等杂物，以消除火灾隐患。

案例

2018 年 12 月 26 日，北京交通大学东校区环境工程实验室内进行垃圾渗滤液污水处理科研试验时发生爆炸引发火灾，共有 3 名参与实验的研究生在事故中不幸遇难。经事故调查组认定，事故直接原因为：在使用搅拌机对镁粉和磷酸搅拌、反应过程中，料斗内产生的氢气被搅拌机转轴处金属摩擦、碰撞产生的火花点燃爆炸，继而引发镁粉粉尘云爆炸，爆炸引起周边镁粉和其他可燃物燃烧，造成现场 3 名学生烧死。

分析

高校实验室事故每一次发生，不仅可能造成一定的实验器材损坏，更有可能造成一定的人员伤亡，令人揪心。而能够经过十几年的拼搏成功考入高校的，大多是未来的栋梁之才，每一次事故造成的人员伤亡对于国家来说都是一种损失。高校实验室存放有一定量的易燃易爆物品，多样的实验设备也使得实验室的电路更为复杂，这些都使得其发生安全事故的可能性大大增加。因而实验室更需严格细致的标准，让大学生按规定作业，以此来确保安全。

（二）中毒事故

实验室中需要的试剂很多种是有毒的，这些有毒物质可以通过呼吸吸入、误食、皮肤渗入等方式导致人体中毒，如苯、四氯化碳、乙醚、石油醚、丙酮等。试剂一旦密封不好或者标识不清，在存放或操作空间会因蒸发形成一定浓度的蒸气，实验人员若没有提前做好防护工作，误吸、误食，则会引起不同程度的中毒。

图 2-2　做好化学品防护工作

凡是使用或反应过程中产生有毒气体或液体的实验，都应该在通风柜内进行，必要时需使用气体吸收装置吸收产生的有毒气体。学生及工作人员均应严格按照实验规程操作，严禁在实验室饮食，所有物品必须标示清晰。接触危险品时必须穿工作服、戴防护手套、防护眼镜，穿不露脚趾的满口鞋，长发必须束起。严格避免在实验中用手直接接触化学试剂及药品，沾在皮肤上的有机物应当立即用大量清水和肥皂洗去，切莫使用有机溶剂，否则只会增加化学试剂或药品渗入皮肤的速度。落在桌面或地面的有机物应及时清除。如不慎损坏水银温度计，洒落在地上的水银应尽量收集起来，并用硫黄粉盖在洒落的地方。实验中所用剧毒物质应有专人负责收发，实验后的有毒残渣必须作妥善而有效的处理，不准胡乱丢至垃圾桶内或倒入下水道中。

案例

某高校实验室设备有些简陋，加之安装的通风设备运行效果一般，导致室内空气循环不畅通。某次学生上实验课，通风设备出现故障，停止运转。一名大学生有不良反应，感觉不适，但并没有引起大家的注意。继而，又有几名大学生有同样的反应，直到最后有 10 名大学生身体反应强烈，出现头晕等现象，多数师生轻微呼吸困难，才意识到是有害气体中毒了。事件发生后，中毒师生被及时送往医院抢救、治疗，最终全部脱离危险。

分析

> 在这样的实验室进行有毒气体的实验，学校应该预见到可能会发生中毒事件，但是由于学校疏忽大意，导致了事故的发生。大学生在做实验时，要检查好室内通风情况，如果通风不畅，应及时找相关人员检查问题并疏通，确保实验中的有毒气体及时排出。

（三）电器事故

在实验前，要对各种移动电器和线路认真检查，确保绝缘良好；在试验中，任课教师要严格控制大学生实验用电，尽量使用 36 伏以下的安全电压。实验中常使用电炉、电吹风、电热套、电动搅拌机等，在电器使用完毕或停电时，必须及时切断电源。此外，还应防止人体与电器导电部分直接接触及石棉网、金属丝与电炉电阻丝接触；不能用湿的手或手握湿的物体接触电插头；电热套内严禁滴入水等溶剂，以防止电器短路。

进行金工、木工等实验时，要特别小心，以防伤人。操作时，要注意不能在用钻孔器、锥子、针等切割和穿透物品时，以另一只手给物品做垫层，以免穿透时被机械击伤；在进行弹、喷、射击等实验时不能对着人，以防伤人；在有较大噪声环境中进行实验时，应注意个人防护，如戴耳塞、耳罩、耳棉等，以免造成耳聋、耳鸣等严重后果；不能把手插进螺孔或管子中，以防毛刺刮伤。

（四）辐射事故

所谓放射性物质是指含有能自发放射出穿透力很强的射线元素的物质。通常射线不能通过人体感觉器官察觉，必须使用专用仪器进行测量。放射防护标准的执行情况和防护措施是否安全可靠，必须通过实际的测量来检验。有效的辐射剂量监测，有助于及早发现事故征兆，以便及时采取措施。因此在放射性操作或实验中，辐射剂量监测是十分重要的。具体指标可以参照《电离辐射防护与辐射源安全基本标准》（GB18871—2002）。

进行放射性物质实验时要设专人对放射性物品的性能、存放库、操作室的辐射情况进行检测，且使用人员必须经过培训持证上岗；必须将放射性物品存放在防辐射箱内，使用完后必须及时入库保管；要加强对放射性物品的安全管理，严禁被盗、被烧及流入社会。

（五）细菌感染事故

在进行细菌、生物实验时，如不小心，很可能引起细菌感染。为此，要特别注意以下几个方面：实验用细菌必须由专人管理，在做细菌实验时，严禁他人随便进入实验室；不能将细菌瓶、箱随处存放，严防细菌泄漏、扩散；要明确细菌和生物是否对人体有危害性，特别是做病菌实验时，一定要做好防护工作，以免被细菌、病菌感染。接触血液、感染性物质、动物、污染表面或进行设备操作时，宜戴大小合适、柔软舒适的手套；进行细菌、动物实验的人员，做完实验后要进行消毒；做完实验后，要对用后动物进行消毒，并妥善处置；实验室中一次性使用的污染材料可高压灭菌后焚烧或直接焚烧，可反复利用的已被污染的材料应选择先消毒再高压灭菌或直接高压灭菌。

阅读延伸

食品药品实验室安全

三、实验室事故的紧急措施

在实验室中，一旦发生事故，要第一时间报告给指导老师，然后组织安排相应的措施。情况特别紧急的要直接报警，尽早控制，避免事故进一步扩大。

如果发生火灾或爆炸事故，应尽快离开事故现场，等事故得到控制之后再来处理其他事情。逃离火场时，应捂住口鼻，弯腰匍匐前进。如果火封住了门，被困室内，应尽量想办法从窗户等出口逃生。如果无法逃离，应尽可能在室内控制火势、洒水降温、保持清醒，发出呼救信号，等待救援。不同情况下发生的火灾，灭火方式也不同。小火可用湿布、石棉布或砂子覆盖燃烧物，火势大时，需用灭火器；电气设备或带电系统所引起的火灾，只能使用二氧化碳或四氯化碳灭火器灭火；金属钠、钾、镁、铝粉、电石、过氧化钠等着火，应用干沙灭火；比水轻的易燃液体，如汽油、苯、丙酮等着火，可用泡沫灭火器；有灼烧的金属或熔融物的地方着火时，应用干沙或干粉灭火器灭火。

如果发生烫伤，不能用水冲洗，一般可在伤口处擦烫伤油膏或用浓高锰酸钾溶液擦至皮肤变为棕色，再涂上凡士林或烫伤油膏；被磷灼伤后，应用1%的硝酸银溶液、5%的硫酸铜溶液或高锰酸钾溶液洗涤伤处，然后包扎。

如果发生创伤，切勿用手抚摸伤口，也不能用水冲洗。若伤口较大、流血较多，可用纱布压在伤口上止血，并立即到医务室或医院治疗；若伤口里有碎玻璃片，应先用消过毒的镊子取出，在伤口上擦红药水或龙胆紫药水，消毒后用止血粉外敷，再用纱布包扎。

如果误吞有毒物，可给中毒者服肥皂水、芥末水等催吐剂，或把1%的稀硫酸铜溶液加入一杯温水中服用以引起呕吐，然后送医院治疗。

如果吸入毒气，中毒较轻的情况下，应把中毒者移到空气新鲜的地方，松解衣服（注意保温），安静休息即可，必要时可

图2-3　实验室常用安全标识

吸入氧气，但不要随便进行人工呼吸；氯气、氯化氢气体中毒时，可吸入少量酒精和乙醚的混合蒸气解毒，氯气、溴中毒，不可进行人工呼吸；一氧化碳中毒不可使用兴奋剂，若发生休克昏迷，可给患者吸入氧气，并迅速送往医院。

如果皮肤受（强）碱腐蚀，应先用干净布拭去残留碱液（或粉末），然后用大量水冲洗，再用2％的醋酸溶液或硼酸溶液清洗，最后用水冲洗；若碱液溅入眼内，应用硼酸溶液冲洗。如受酸腐蚀，应先用干净布擦净伤处，再用大量的水冲洗，然后用饱和碳酸氢钠溶液（或稀氨水、肥皂水）冲洗，最后用水冲洗，涂上甘油；若酸溅入眼中，立即用大量水冲洗，然后马上送医院治疗。

第二节　体育运动安全

体育运动有利于人体骨骼、肌肉的生长，增强心肺功能，改善血液循环系统、呼吸系统、消化系统的机能状况，有利于人体的生长发育，提高抗病能力，增强有机体的适应能力。体育运动还能改善神经系统的调节功能，提高神经系统对人体活动时错综复杂变化的判断能力，并使人及时作出协调、准确、迅速的反应；使人体适应内外环境的变化、保持机体生命活动的正常进行。

体育运动的好处还有很多，但是参加体育运动必须有一定的体能和技巧。一些竞争性和对抗性较强的运动项目，一定程度上有潜在的不安全性。因此，大学生应掌握体育运动的一些安全常识，进行科学的体育运动。

一、科学运动，预防损伤

遵循科学的体育运动方式，有计划地安排体育运动，运动前做好充分的准备活动，这些既是通过体育运动增强体质的重要原则，也是避免出现运动伤害的重要保障。

（一）循序渐进的运动原则

生理学研究表明，机体对刺激的反应从属于刺激的性质、强度等。弱的刺激所引起的机体反应不大，锻炼效果也不明显；反之，过强的刺激则使机体产生不良反应。所以，刺激强度应控制在机体所能承受的范围内，最终才能产生良好的效果，达到健康的目的。如果不遵守循序渐进原则，骤然从事不熟悉的复杂运动，或刚参加锻炼就承受很大的体力负荷，很可能因神经系统和其他器官过分紧张而发生运动伤害，或产生过度疲劳。循序渐进原则既要贯穿在整个运动过程中，不断调整运动量，使机体不断适应，又要体现在每次锻炼中。每次锻炼开始，应做准备活动，然后逐渐加量或加速，保证锻炼任务的完成。

（二）制订运动的阶段计划

在校大学生一般确定一学期为一个锻炼阶段，也可把一学期按季度和月份分为几个阶段，再确定每一阶段锻炼的重点，锻炼的内容，锻炼的指标要求，每周的锻炼次数、时间和项目安排。确定了锻炼阶段后，应根据客观条件（如气候、器材、场地）、运动项目的难度和自己锻炼的基础进行锻炼，同时要注意全面锻炼，运动项目不要太单一。每次运动量安排要按大、中、小有节奏地交替进行。

（三）做好运动前的准备活动

除了要做好运动装备的检查、运动鞋服的准备工作外，还要做好专项准备活动，即做一些动作结构、节律、速度和强度与要进行的专项运动相近似的活动，对运动时负担较大或曾有过损伤的部位特别要做好准备活动。关于准备活动的量，有人认为心率控制在每分钟90—110次，以使身体觉得发热、微出汗、兴奋提高到最佳状态为合适，时间约为20分钟，准备活动结束与正式运动之间相隔1—4分钟即可。

图2-4　运动前做好
热身活动

（四）熟知运动项目规则

运动的安全要求也因运动项目的不同而有所区别，大学生在体育运动中因为不熟悉运动项目规则而造成的安全事故也常有发生。大学生要熟知自己参加的运动项目规则，在运动过程中严守规则，既是保护自己，也是保护他人。比如参加篮球、足球等对抗性强的球类运动，参与者要使用合理的技术保护自己，并自觉遵守竞赛规则，不要因动作粗野而伤及他人。径赛类的短跑项目应在规定跑道上运动，不能串道跑。这既是规则的要求，也是安全的保障。特别是终点冲刺时，如果发生串道，就可能相互绊倒，造成自己和他人严重受伤。

阅读延伸

怎么预防运动损伤

二、调整健康的运动心理

体育活动中心理状态的波动直接影响运动者的行为，因此心理状态的调整对运动者的安全有很大的保障作用。

（一）明确任务，确定适宜的目标

有的学生在运动时一味追求比别人做得好、比别人做得快，却不顾及自己的身体素质强行完成动作，这往往会因为动作技术变形导致运动损伤。有的学生在受伤还没有恢复时就强行进行体育运动，造成运动损伤的再发生，导致伤势加重，这样都是不科学的。在运动中要明确任务，确定和自身条件相适宜的目标，掌握规律，科学运动，循序渐进。

案例

某校艺术与设计系陈某，在体育课上跑完 800 米体能测试后，突然昏倒、失去意识。校医赶来检查后认为其生命特征平稳，随后 120 救护车将陈某送往当地医院作进一步观察治疗。事后了解到，陈某曾有过类似的情况，其身体健康状况不适合做剧烈的体育活动，但是陈某性格好强，忽视自己的健康情况，认为同学可以做到，自己也完全可以做到。

分析

在该事件中，陈某突然昏迷后，在众人及时而有效的救助下转危为安。大学生要依据自己的身体情况来选择合适的运动方式，不可盲目与其他同学比较，逞强的结果往往是付出牺牲健康的巨大代价。

（二）增强竞争的信心和进取心

在运动过程中，特别是学习新的、较难的技术动作时，如双杠、跳马、跨栏等，如果胆小、害怕受伤、缺乏完成动作的意识，那么在练习中会因强迫完成动作而产生紧张、不安和焦虑等消极情绪，造成心理、生理能量的大量消耗，加之人的精神过分紧张，会导致肌肉僵硬、动作不协调等。如果在这种情绪状态下学习，往往容易产生运动损伤。在比赛中，缺乏信心和必要的心理准备，强行上场比赛，也极易发生运动损伤和事故。因此在运动中和比赛前要做好心理准备和增强信心，在脑海中不断熟悉动作要领和流程，在运动中也要保持头脑清醒，有意识地按照要领调整自己的动作，以便有效地防止运动事故的发生。

三、体育运动中的常见意外及处理

（一）肌肉酸痛

刚开始跑步的人，通常都会感到大腿和小腿的肌肉酸痛僵硬，这属于正常的生理现象。肌肉收缩产生能量的同时，肌肉内也发生一系列变化，三磷酸腺苷、磷酸肌酸、糖原分解放能。若强度过大，血液循环跟不上，氧气供应不足，则乳酸堆积，将刺激神经系统，引起肌肉疼痛。用热水烫脚、按摩、洗腿或在洗澡后涂抹缓解药膏按摩，就可以很快恢复。渐渐习惯跑步之后，肌肉的疼痛也会自然消失。另外，训练过度也会引起肌肉疼痛，这时应该降低运动的程度，或考虑先暂停这项运动。

阅读延伸

运动后肌肉酸痛，用什么办法破解？

（二）腹痛

一般运动过程中出现腹痛时，可适当减速，调整呼吸，并以手按压。如果用上述方法疼痛仍不减轻并有所加重时，应立即停止运动，进行检查，找出原因，酌情处理。在运动中发生腹部疼痛时，不单是运动性疾病，还有可能是内脏器质性病变及其他内科疾病发生，尤其要首先考虑到急腹症发生的可能性，要迅速准确地作出鉴别，如果是急腹症，应立即停止运动并去医院救治。

（三）小腿痉挛

小腿痉挛时，可平躺，用异侧手抓住前脚掌，伸直膝关节用力拉；或者平坐或仰卧，伸直膝关节，同伴双手握其足部抵于腹，痉挛者躯干前倾适度用力，同伴用手促其脚背缓慢地背伸，同时推、揉、捏小腿肌肉，就可以使痉挛缓解。

（四）皮肤损伤

最常见的皮肤损伤莫过于皮肤表面的擦伤了，多发生于身体四肢部位。在运动中器械使用不正确、身体重心不稳摔倒时，非常容易造成擦伤。如果擦伤部位较浅，涂上红药水即可；如果擦伤部位较脏或有渗血，应该先用生理盐水清洗创口，然后再涂红药水。手、脚皮肤磨出水疱时可以涂点润滑剂或凡士林；如果水疱已经破了，有液体渗出，应该及时把水疱内的液体挤出，然后抹上一些抗菌药。

（五）肌肉及软组织损伤

肌肉急剧收缩或被过度牵拉，就容易造成肌肉拉伤。这时要立即停止运动，并进行冷处理。即用冷水冲洗或毛巾冷敷，使小血管收缩，减少局部充血和水肿。肌肉拉伤之初，切忌揉搓和热敷。此外，身体局部与钝器发生碰撞，会造成软组织挫伤，轻度损伤不需要特殊处理；比较严重的损伤，可以外用活血化瘀的药物，如止痛喷雾剂、云南白药等。

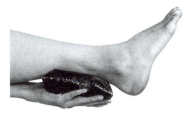

图 2-5 用冰块冷敷受伤部位

案 例

某学校在田径场举行运动会。大学生王某报名参加了跳高和 1500 米跑步两个项目。当天上午，王某参加跳高比赛时，不幸背部重重地摔在地上，当即感到两眼冒金星儿、胸口发闷。王某坚持参加了下午的 1500 米跑步，没跑多久，便开始感到右脚趾冷热感觉减退，继而双脚肌力减退。经医院检查：王某脊髓颈 3 至颈 6 节有大面积出血，伴有水肿，并压迫中枢神经。在医院保守治疗 13 个月后，王某高位截瘫。

分 析

案例中王某在有伤的情况下仍然坚持长跑，虽然体现了坚韧的毅力，但并不科学。经过专业训练的选手也许可以挺过去，但不经常从事长跑运动的人面对这种情况就比较危险，如果在这时候突发病症，就容易导致晕厥甚至猝死等意外。

阅读延伸
跑步时小腿肌肉拉伤处理

（六）韧带及关节损伤

韧带及关节损伤是由关节部位突然过度扭转、超出正常生理范围造成的，轻者造成韧带拉伤，重者造成韧带断裂或关节脱臼。最易发生韧带及关节损伤的部位有膝关节、踝关节、腰椎以及腕掌部。损伤发生后，应立即停止活动，然后局部冷敷，一两天后，可以使用温热毛巾热敷，并按摩受伤部位以促进血液循环、帮助身体恢复。如果损伤较重，发生韧带断裂或关节脱臼，应保持冷静，尽量不要活动，及时到医院就诊。

第三节　社会活动安全

现在大学生的活动范围不再仅仅局限于校园内部，而是扩展到校园外面的社会。社会实践、勤工俭学、假期实习都是大学生参与社会活动的方式，这些社会活动为大学生将来走入社会提前练就相应的职业能力和技巧。但是在复杂的社会活动中，大学生更要学会的是保护自己，防范各种事故和风险。

一、勤工俭学陷阱防范

勤工俭学作为大学生了解社会、改善经济的辅助途径，已得到社会的广泛认同。大学生利用自己的业余时间做一些临时工作，不仅可以充实生活、填补生活开支、减轻家庭负担，还可以积累工作经验，为毕业求职增添砝码。然而，一些缺乏社会经验的大学生，由于不能分辨和疏于防范而陷入一些陷阱中，不仅遭受财产损失，有时还威胁到人身安全。

（一）用人单位克扣工资

大学生被个人或流动服务的公司雇佣，本应按月取酬，但用人单位往往快要付酬时，找各种借口将大学生解雇，或以各种理由故意克扣工资。还有的用人单位为了方便管理，向大学生收取押金或保证金，并承诺工作结束后退还，大学生交钱后，用人单位又推脱说职位暂时已满，或暂时没有工作可做，要大学生等消息，随后便失去消息，再也联系不上。

（二）以优厚待遇招聘但另有企图

有的用人单位，尤其是娱乐场所开出高薪来吸引求职者，工作有代客泊车、伴游、服务员等，大学生一旦进入这些场所工作，便身不由己，受逼迫做违法违纪的事情，很容易误入歧途。还有的用人单位或招聘方要求单独约见女大学生，多数以招聘家教或文秘等职位为名，女大学生最好在公共场所约见对方，或者和同伴一起去，以免发生危险。

二、社会实践陷阱防范

大学生参加社会实践是把理论运用于实践的有效途径，是提高自身实践能力、创造能力、就业能力和创业能力的主要手段。大学生通过社会实践还可以更好地拓宽视野，为将来就业、创业打下良好的基础，成为建设和谐社会的有用之才。由于大学生安全防范意识和自我保护意识缺乏，在社会实践过程中会遇到各种各样的问题，因此掌握必备的安全常识是顺利完成社会实践活动的重要保障。

（一）外出调研的安全

许多院校的大学生都有外出调研的机会，尤其是民族学专业以及民族学相关专业的大学生，学校会安排其到少数民族所在地研究当地民族的生活、习俗、文化等。外出调研所到之处大多是民族村落或者是少数民族聚居的地区，大学生有时会遇到与人身安全、财产安全、与当地少数民族交往沟通等相关的问题。

图 2-6　大学生社会实践活动

交通安全是出行的第一安全。在前往调研地点和返校的过程中都要乘坐交通工具，不管是乘坐哪种交通工具都要遵守交通法规，避免发生交通事故。注意财物安全，无论何时何地都要提高警惕，做好防盗、防骗的准备。注意卫生安全，在调研过程中，不要因为所到之处是边远地区就随便解决自己的饮食问题，尽量不要到无证饭馆或者小摊就餐，也不能购买和食用"三无"或者过期的食品。另外，调研地有无流行性疾病也要作为一个因素加以考虑。最后要注意交往安全，大学生到边疆少数民族地区调研，出门在外，要学会与人打交道，进行调研时要讲文明、有礼貌，态度要认真、谦逊，尊重他人；大学生还要注意自己的人身安全，尤其是女生在调研过程中要注意防范性侵害，夜间在户外活动时要格外注意安全。

（二）假期社会实践活动的安全

大学生假期社会实践活动安全问题的发生，固然与当地社会治安状况不佳、高校对大学生的安全教育的重视程度不够、社会实践活动管理制度不够健全等因素有关，但是大学生安全防范意识以及自我保护能力的缺乏等自身问题也是不可忽视的。

1. 增强自我安全防范意识

在开展各种社会实践活动前，大学生首先要增强自身的安全防范意识，保持一定的警惕心理，保管好个人的贵重物品。集体行动时队员之间要互相照应、互相帮助，保持密切联系，外出时要结伴而行，要服从团队负责人的指挥，听从安排，自觉遵守实践期间的各种规章制度。在活动期间，如若遇到偷窃、抢劫以及其他意外侵害，应保持冷静，沉着应对。

2. 做好社会实践前的准备

社会实践前的准备包括组织准备、资料准备、物资准备、思想准备。首先是组织准备，大学生应该在老师的指导和家长的同意下做好组织和准备工作。若是假期集体社会实践，学生负责人应事先确定人数，联系车辆，明确集合地点、出发时间和结束时间。其次是资料准备，大学生应该做好资料的收集、分析、整理工作，多参考相关书籍和向老师请教；还可以事先与当地负责人联系，收集目的地的详细资料，了解基本情况，争取得到相关正规单位或部门的支持与帮助。再次是物资准备，有条件的高校可以准备好摄影机、照相机、录音机等，还应该准备日常用药，条件允许的情况下应该统一购买意外伤害保险。最后是思想准备，大学生要注意个人的形象和维护好学校的形象，体现出自己的专业素养，在接触其他工作人员时一定要保持谦逊的态度，不懂就问。

3. 入乡随俗

不同地区有不同的民情风俗，作为社会实践活动中的一员，应当尊重当地的风俗和维护当地乡民的利益，不要随便破坏当地的"乡约""村约"等，更不能随意嘲笑和讥讽当地的文化。在公共场合一定要举止得体，与陌生人打交道要谦逊谨慎、保持分寸。若遇到队员与当地民众发生冲突的情况，应当及时制止，必须保持冷静、忍让和克制。

三、实习陷阱防范

对于高校尤其是高职高专院校来讲，实习既是整个教学过程中非常重要的一环，也是各项基本素质向核心能力全面提升的关键阶段。当前，大学生实习时思想麻痹、安全意识淡薄，加上实习的场所点多、面厂，实习时间长，必然产生一些安全隐患。因此，高度重视实习安全教育工作，充分认识到安全工作是其他所有工作的前提和基础，是大学生健康成长的保障。

（一）选择可靠的实习单位

大学生初到社会，往往保留有大学校园生活的意识，易于相信他人和依赖外界环境而缺乏防范意识。一般高校都会主动联系相关企业来安排大学生的实习，如果大学生自己去联系单位实习，一定要了解清楚实习单位的情况，比如实习时间、安全管理制度、薪酬等。大学生在实习期间还要经常与学校、家长保持联系，因各种原因变更实习单位的，要尽快联系其他实习单位并主动、及时与指导老师取得联系，让亲友、老师了解自己的动向。

案例

张某是某技术专科学校一名在校大学生，他拿着学校出具的推荐表到某机械公司实习，被该公司录用。张某与公司签订了劳动合同，就劳动期限、劳动内容以及劳动报酬等内容进行了详细的约定。张某在一次车间作业时受伤，向公司申请认定为工伤时，却遭到公司的拒绝。公司的理由是张某签订劳动合同时尚未毕业，系在校学生，不具有建立劳动关系的主体资格，所以其和公司订立的劳动合同无效，双方之间没有劳动关系。

分析

我国目前对于大学生实习期间与企业之间的法律关系并无明确的规定。大学生在实习期间受伤，应当根据我国《民法通则》《侵权责任法》以及相关司法解释的规定，由企业来承担责任。一般来说，企业应当对其所雇佣的学生在雇佣期间受到的伤害承担赔偿责任，如果是第三人造成的损害，学生可以向第三人主张，也可以向企业主张。企业在承担责任后，可以向第三人进行追偿。

（二）重视岗前安全培训

大学生要自觉接受岗位安全教育和安全技术培训，遵守实习安全上岗制度。进行各工种实习时，指导老师会对大学生进行本工种安全操作规程教育，讲解有关注意事项，大学生要仔细记在心上，树立"安全第一"的观念。

图2-7 重视"安全第一"

大学生实习时，要严格依照相关操作规范，如留长发的同学必须戴工作帽，不准穿高跟鞋、裙子上岗，男同学不准穿背心、短裤上岗等。遇到自己不能处理的问题要及时求教指导老师，通过一系列安全、规范的操作来杜绝实习安全事故。

四、就业陷阱防范

近年来高校毕业生数量迅猛增加，而社会新增的就业岗位有限，以及应聘者能力与岗位要求不匹配导致大学生就业形势日趋严峻。市场监管不力，加上大学生自身缺乏就业经验和识别能力，择业观念和择业心态存在偏差，不规范的单位和不法分子在招聘活动中利用各种手段欺骗大学生、侵害大学生利益的事件时有发生。大学毕业生就业前应主动学习《劳动法》《合同法》《普通高等学校毕业生就业工作暂行规定》《企业劳动争议处理条例》等与就业密切相关的法律法规，了解自己在就业方面的权利和义务，明辨就业陷阱。

（一）虚假承诺欺骗求职者

有些用人单位利用大学生缺乏社会经验和法律知识，在招聘过程中或在招聘广告中言过其实，在责、权、利方面使用笼统的词句，作出诱人的"承诺"，以吸引毕业生前来应聘。比如采取虚假的高薪做诱饵来引诱求职者，而当求职者上当后并不兑现或人为设置兑现障碍，求职者最终所获报酬与"承诺"数额有较大差距；又如用人单位原先在招聘会上所承诺的工作和职位，或用新名词、新概念等包装的岗位与毕业生到单位后实际从事的工作和职位有很大差距；还有些用人单位在招聘时口头承诺提供给求职者优厚的福利待遇，如包吃包住、免费培训、提供劳保福利、年终发红包等，实际上根本不兑现。

（二）强制收取各种不合理费用

有些用人单位违反国家劳动部门的规定，巧立名目向招聘者收取报名费、抵押金、保证金、培训费等费用；或者以方便管理等为由，向毕业生收取押金，扣押学历、学位证书和有关身份证件；更有甚者在收取押金或身份证之后，便为所欲为，如延长劳动时间、增加劳动强度、不改善生活条件，令求职者干不下去，只好走人。还有些大学生即使发觉是骗局，但为了保全工作，也敢怒不敢言。

（三）合同陷阱

有些用人单位采取只签试用期合同、试用期超过法定期限或以各种理由续签试用合同等方式，在试用期内支付较低工资或随意解除合同，或要求毕业生在试用期内承担违约责任，廉价使用毕业生这一劳动资源，损害大学生的合法权益。

图 2-8　警惕劳动合同陷阱

（1）格式条款。有些用人单位按照合同范本事先打印好聘用合同，表面上合同格式规范，但实际条款表述模糊，因此一旦发生劳务纠纷，用人方总会以"合同"为自己辩护。

（2）霸王合同。有些用人单位严重违反国家相关规定，只约定应聘方应承担的义务和违约责任，而且常常是高代价的违约责任，但对于应聘大学生的权利却没有实质性说明。

（3）"生死合同"。有些用人单位为逃避责任，违反国家法律规定，在签订合同时，要求应聘方接受合同中的"生死协议"，即一旦发生病、伤、残、亡等意外事故，单位不承担任何责任。

（4）保证合同。有些用人单位与应聘者签订两份合同，一份按照国家规定签订，以应付有关部门的监督检查；另外签订一份可能含有较多不合理条款的合同，作为双方真正履行的合同。

（四）谨防黑心中介

在求职过程中，很多大学生会通过中介来获取工作信息，有的黑中介便瞄准这些大学生，对他们收取高额中介费。之后就找各种借口拖延，不履行承诺，直到不了了之。还有一些黑中介不断换地点，收取一定中介费后就消失得无影无踪，很多受骗的大学生，根本无法查到详细的联系方式，给事后追查带来很大困难。

随着社会的发展，现在中介有了新的形式，不再通过线下的方式接触求职者，而是通过网络招聘的方式。很多大学生在网上投简历时，不知道对方公司的详细情况，去面试了才知道，对方并没有直接提供工作岗位，而是以其他种种理由推迟或阻碍就业，许诺就业的陷阱令大学生上当受骗。

大学生在找工作时会遇到各种问题，不要把挣钱想得太简单，到了社会上要学会用法律来保护自己，确保就业安全。

案例

某高校经贸专业毕业生小冯被北京一家公司录用，和他一起进入试用期的还有另外6名新职工。他们被分到不同的部门实习，小冯到中关村大街一大型电子商城内公司的摊位卖电子产品。3个月试用期过后，小冯销售业绩相当不错，除了第一个月不太熟悉业务，销售额5000多元外，后两个月都超过了2万元。可经理却让他回家等消息，而且快两个月了也没有被录用，他后来打听到，他们这批新来的6个人，一个也没有被录用。半年后，小冯到中关村那家电子商城，无意中来到这家公司的摊位，发现又有一批新来的大学生在那里做销售。

分析

试用期员工如果不符合录用条件，可以被辞退。但是，并不是可以无理由地辞退，用人单位必须让劳动者明晰"录用条件"，这些条件可以是招聘需求明文规定的，也可以是在录用时书面告知的。在试用期未签订书面合同、没有证据证明劳动者不胜任工作或严重违反公司规章制度的情况下辞退员工，属于违法终止劳动关系，用人单位应当按双倍标准支付补偿金。

安全之窗

大学生如何面对就业压力

大学生在毕业时往往会产生焦虑、恐慌等不良心理现象，出现这些现象的原因一方面是社会就业形势严峻，一方面是大学生自我心态不佳。为了帮助大学生顺利进入社会，需要针对大学生出现的就业心理压力采取措施进行疏导。

1. 郁闷

大学生面临就业时，需要做出各种选择，有选择就有压力，当理想目标与现实产生差距时自然便会产生郁闷的情绪。随着社会的进步与发展，高等教育已从精英化向大众化发展，大学生不再是天之骄子，心理落差很大，容易产生深深的失落感，由此产生强烈的郁闷情绪。

2. 焦虑

大学生在求职过程中不知道该把简历投向哪些用人单位，又不知能否获得面试机会而焦虑，更会为了如何参加面试、面试后能否被用人单位录用而焦虑。多数大学生都是在焦虑的过程中度过了大学的最后一段时间。

3. 无助

对于刚刚毕业的大学生，他们在求职时往往会感到十分无助，不知道该如何抉择。部分大学生在就业问题上显得无所适从，犹豫不决，缺乏自信心，缺乏判断力。还有部分大学生在求职过程中，因为无助而表现出较强的依赖心理。

大学生应当对就业形势，对自己的职业发展有一定的认识，用客观的眼光看待就业，用自信、平和的心态迎接挑战。不要害怕一时的失败，工作经验是积累出来的，生活阅历是打磨出来的，要用良好的心态去面对求职上的困难。

另外，很多大学生找工作眼高手低，一味地要求高薪，却忽略了自己的能力。因此，即便有很多机会，也无法好好把握。同时，也因对高薪的渴望，容易掉进求职陷阱里。有这类想法的大学生要放弃那些不切实际的幻想，学会脚踏实地，天上不会掉馅饼，天花乱坠中掉出来的只会是陷阱。

安全问答

学业安全知识测试题

第三章　时刻绷紧心中安全的弦
——治安与防范

　　生命、健康、行动、名誉等没有危险或不受威胁，是每个人最基本也是最重要的生存保证。良好的治安环境与防范意识，能让大学生更好地完成学业，健康地成长。大学生的安全教育与管理是学生管理工作的重要组成部分，历来受到高度重视。加强大学生的安全教育，不仅是提高个人安全防范意识的重要途径，也是落实习近平新时代中国特色社会主义思想，以人民为中心的客观要求。近几年，高校大学生人身伤害和财产损失等案件时有发生，其主要原因除了学校及周边治安环境复杂外，很大程度上与大学生的安全意识淡薄和安全防范知识缺乏有关。因此，在大学生中普及治安与防范的知识，对确保其自身的生命及财产安全具有举足轻重的作用。

第一节　财物安全的防范

　　盗窃是一种以非法占有为目的，秘密窃取国家、集体或他人财物的行为。盗窃案在高校发生的各类案件中是最多的，以作案主体进行分类，盗窃案可分为外盗、内盗和内外勾结盗窃三种类型。校园盗窃行为严重影响大学生的权益和校园的正常秩序。

一、盗窃行为的法律处罚

　　少数大学生对自己要求不严，人生观和价值观发生扭曲，法律意识淡薄，不顾家庭和自己的经济承受能力，盲目攀比，从而导致没有钱就去偷，逐步走上犯罪道路，这是导致高校盗窃案件不断上升的原因之一。

图 3-1　盗窃是违法行为

　　对于盗窃行为的处罚，我国《刑法》第二百六十四条规定：盗窃公私财物，数额较大的，或者多次盗窃、入户盗窃、携带凶器盗窃、扒窃的，处 3 年以下有期徒刑、拘役或管制，并处或者单处罚金；数额巨大或者有其他严重情节的，处 3 年以上 10 年以下有期徒刑，并处罚金；数额特别巨大或者有其他特别严重情节的，处 10 年以上有期徒刑或者无期徒刑，并处罚金或者没收财产。由此可以看出，国家对于盗窃在刑种和刑期上都设有较合理的处罚，特别是对于严重的盗窃行为最高可以判无期徒刑。

▶ 案例

　　2017 年 4 月，西安某大学的在校学生李某在一间没有人的自习室顺手牵羊拿走放在课桌上的书包，被抓现行。民警在抓获李某后，在其住所的床铺上查获 200 多个钱包、4 台笔记本电脑、6 台平板电脑、5 部手机和 30 个充电器。李某交代，他也说不清自己怎么就偷上瘾了，第一次拿走别人东西时"心扑通扑通地跳得飞快"。那天他在学校操场跑步，看到操场上有个书包，周围没人，又是晚上，一时冲动，便飞快地背起书包离开操场。有一就有二，有二就有三，第一次得手后不久，李某就开始频繁作案。怕室友怀疑，他还找了个借口搬出宿舍。结果本该顺利毕业的李某因在校园里多次盗窃，被西安市长安区人民检察院批准逮捕。

分析

> 专家认为，很多大学生盗窃的犯罪动机比较简单，就是为了寻求心理刺激，满足其日益空虚的心理需求，并且带有一定的疯狂性和冲动性。一方面，作为受过高等教育的大学生，应具有基本法律知识和辨别是非对错的能力，多次盗窃只能说明其心理素质差、性格冲动；另一方面，盗窃多次，数额较大已构成了盗窃罪，要接受法律的惩罚。

二、校园盗窃案的特点

（一）作案场所多样

在大学校园，不论是寝室，还是自习室、田径场、图书馆、球场和食堂等公共场所，各类盗窃案都有可能发生。据统计，在这些场所发生的盗窃可以占到大学生财物盗窃案件的近七成。根据各个高校的不同情况，比如是否有完整的校园围墙、出入校园的通道有多少、校内安全巡防情况、门卫检查是否严格、寝室管理是否规范等，具体的案发情况又有所不同。总的情况是，哪里管得严，哪里安全防范硬件建设更到位，哪里就能更有效地避免盗窃案件的发生。

图 3-2　体育活动时防范盗窃

（二）盗窃物品种类多样

校园中发生的盗窃，案被盗的物品繁多，　是现金，二是贵重财物，主要有手提电脑、手机、首饰等；但也有比较普通的自行车、衣物、学习用品等；有时甚至是楼道台阶上的铜条、铁护栏的铁块等。现实中曾发生过许多针对学校这些设施作案的情况，虽然案件不是很大，但长期为患也造成了不小的损失。

（三）作案时间难以防范

盗窃犯罪分子总是在不断窥探大学生在财物保管方面的薄弱环节，寻找作案时机，给人防不胜防的感觉，好像小偷就跟着自己一样。每年秋季开学期间是盗窃案件的高发时段。许多大学生返校时会从家里带来许多贵重物品，容易被窃贼盯上；新入学的大学新生因为人生地不熟，从而让窃贼有机可乘。另外，临近放假期间，大学生因准备回家，心情愉悦而放松警惕，也很容易让窃贼钻空子。许多发生在大学生寝室、公共场所的盗窃案件，均是因为短时间的财物保管疏忽而被盗：有些大学生早上起床后，不关房门就到卫生间去洗漱，回到寝室后即发现放在桌上的手机、钱包不见了；有些大学生将书包放在自习室后就直接去卫生间，回来后发现书包被偷走等。这些例子集中反映出犯罪分子在作案时机选择上的针对性、准确性以及离开现场的迅速性等特点。

（四）作案方式多样

高校盗窃案件的作案主体，一般以高学历、高智商的人为多，有的就是本校大学生。他们智力超群、非常聪明，盗窃技能也比一般盗窃作案人员高。他们会用易拉罐皮制作"万能"钥匙，进行智能型违法犯罪活动。

纵观发生在高校的这些盗窃案件，可以总结出盗窃分子的主要作案方式。

1. 投石问路，暗中踩点

盗窃分子假意以问路、寻人、推销，或进错教室、谎称公司招募员工以及社会调查等方式来打探虚实，伺机进入寝室或教室进行盗窃。而同学们对这些人往往不会太过在意，使得他们可以肆意进出偷窃。

2. 临时起意，顺手牵羊

有些盗窃分子并不是蓄意作案，而是在偶然的情况下，临时起意。比如看见自行车、电瓶车没锁，顺手盗走；或是在校学生偶然瞥见宿舍里他人所放的财物，见四下无人，便产生犯罪念头；或在学校组织大型活动时，人员密集，在财物保管上出现了空档，有些小偷就会乘人不备，进行偷窃。

3. 胆大妄为，有恃无恐

有些盗窃者趁着学生上课，明目张胆的入室盗窃；有时仗着大学生势单力薄、好欺负，在被发现时还会以言辞或暴力伤害相威胁。

案例

2015 年 10 月 16 日 17 时许，北京某高校两个班级男生在球场进行篮球比赛，不少同学将手机放在衣服口袋中，然后将衣服放在篮球架下面和球场旁。18 时许，李某因有事要离去，拿起衣服，发现衣服口袋里的手机被偷，接着其他同学去检查自己的衣服，多名同学也发现手机和钱包被偷。报案后通过学校监控设备看到，作案人身穿运动服，利用拿饮料作掩护，偷取了学生的财物，得手后迅速离开球场。

📍分析

　　高校操场是人流最密集的区域之一，也是盗窃等各类侵财性案件的高发区域。此类案件的作案时间主要在傍晚，作案对象主要是防范意识较为薄弱的人群，以酷爱篮球运动的大学生为主；作案特点是犯罪嫌疑人乘隙盗窃受害人因参加运动疏忽管理的财物。大学生外出运动时尽量不要携带大量现金，手机、钱包等贵重物品不要放在较浅、开口较大的上衣口袋和裤子后袋内，而应该放在上衣内；背包、挎包一定要放在自己身前，尽量不要往人多的地方挤。如果有人故意靠近，一定要提高警惕，一旦发现被扒窃，应及时向公安机关报案。

阅读延伸

校园防盗、防扒案例

三、校园防盗的方法

　　防盗的基本方法有"人防""物防"和"技防"三种。其中，"人防"是预防和制止盗窃犯罪唯一可靠的方法；"物防"是一种应用最为广泛的基础防护措施；而"技防"则是可即时发现入侵，能够替代人员守护且不会疲劳和懈怠，能长时间处于戒备状态的一种隐蔽可靠的防范措施。对于大学生来说，最重要的是做好教室和学生宿舍的防盗工作，保护好自己和同学的财物。这不仅是个人的事，也是全宿舍、全班乃至全校学生共同关心的大事。具体来讲，学生宿舍和教室的防盗工作，要注意做到以下几点：

　　（1）宿舍中不要存放大量现金，数额较大的要及时存入银行。钱包、手机等贵重物品切记妥善保管，不要随便防止桌上、床上等显眼处，以免被他人顺手牵羊；每天最后离开教室或宿舍的同学，要关好门窗，并插上窗户插销，千万不要怕麻烦，一定要养成随手关灯、随手关窗、随手锁（反锁）门的习惯，以防盗窃犯罪嫌疑人乘虚而入。

　　（2）注意不要留宿外来人员。"外来人员"不光指陌生人，也指久未谋面的同学或老乡。年轻人文明礼貌、热情好客很正常，但决不能只讲义气、讲感情，而不讲原则、不讲纪律。如果违反学校学生宿舍的管理规定，随便留宿他人，万一引狼入室，这种教训是惨痛的。

　　（3）对形迹可疑的陌生人应提高警惕。作案人到教室和宿舍行窃时，往往要找各种借口，如找什么人或推销什么商品等，这是在"踩点"，在摸清情况、看

图 3-3 防范可疑人员

准机会后就会溜门撬锁，大肆盗窃。遇到这种可疑人员，要主动上前询问。如果来人确有正当理由，则一般都能说清楚；如果来人说不出正当理由又说不清学校的基本情况，疑点较多，其神色必然慌张，则需要进一步盘问，必要时还可请来人出示身份证、学生证、工作证等身份证明。经核实身份无误又未发现带有盗窃证据的，可交值班人员记录其姓名、证件号码、进出时间后请其离去。如果发现来人携有可能作案的工具或赃物等证据时，可一方面派人与其交谈以拖延时间，另一方面打电话给学校保卫部门尽快来人做调查处理。

（4）一定要保管好自己的钥匙，包括教室、宿舍、箱包、抽屉等处的各种钥匙，不能随便借给他人或乱丢乱放，以防"不速之客"复制或伺机行窃。

案例

2016 年 12 月，南京浦口公安分局接到辖区高校大学生小马的报警，称自己打了场篮球，包没了。原来当天，小马和同学在学校露天篮球场上打球，和往常一样，小马将外套和背包放在了篮球场边上，结果打完篮球，发现背包不见了。经过民警多日工作，最终在辖区另一所高校抓到了这个专偷高校大学生的小偷严某。据严某交代，自己没有固定工作，大学生防范意识较差，偷大学生较容易得手，所以自己没事就在各大学"逛一逛"寻找目标下手。当天下午五点，严某在篮球场看到了准备打篮球的小马将其随身的手机放入一个双肩背包，随后又随手将背包放在球场边的空地上。严某知道目标出现了，趁小马打球不注意时严某将其背包偷走。经过民警初审，严某共计作案 6 起，涉案价值约 2 万元。

分析

大学校园人多密集，学生防范意识较差，这都为窃贼提供了便捷条件。尤其到了年底，校园盗窃案件会进入高发期。嫌疑人大多通过多次踩点和观察，选择在操场、篮球场、教室、宿舍以及道路上。发生在操场和篮球场上的盗窃多是受害人为了运动将随身物品放置地上，被嫌疑人顺手牵羊；发生在教室和宿舍的则多是通过踩点拉门推门的方式随机进入进行盗窃；道路上则是学生结伴而行，对随身物品的看管降低警惕性而被盗。大学生无论在何时，一定要提高安全防范意识，保管好自己的随身财物。

阅读延伸

校园常见被盗案件情景还原

四、发现被盗时的应对措施

（一）及时上报，如实反映情况

发现宿舍门被撬开，抽屉、箱子的锁被撬坏，则很可能是盗窃分子已"光顾"过，此时应立即向学校保卫部门或公安机关报告，并告知院系有关领导。报案后，高校保卫部门或公安机关根据情况会向失主及有关同学了解情况，制作"询问记录"；有关同学应当如实回答问题。反映情况时要实事求是，不能毫无根据地凭空想象，更不能随意捏造；要认真、细致地回忆盗窃案发生的前后经过，不放过任何一个细节，力求准确而全面；要打消顾虑，不要为了顾及同学的面子或感情而不愿反映情况，要如实地向办案人员阐明自己对案件的一些看法。公安机关和保卫部门对每一个学生反映的情况都将保密。

（二）保护好现场

作案现场是真实反映作案人客观情况的基础，只有把现场保护好，侦查人员才有可能发现作案人遗留下的手印、脚印、作案工具等所有痕迹及物品，以此作为揭露和证实犯罪的有力证据。如果案件发生在宿舍内，可在宿舍门前（若宿舍在一楼，还包括窗户外）设岗看守，阻止围观和进入，更不能翻动室内的任何物品，对作案人员可能留下痕迹的门柄、锁头、窗户、门框等也不能触摸，以免把无关人员的指纹留在上面，给勘查现场、认定犯罪嫌疑人带来困难。

（三）对丢失物品采取紧急处理措施

在完成现场勘查工作后，经工作人员许可，可以进入宿舍清理自己的物品，如果发现信用卡、存折、就餐卡等失窃，应立即打电话挂失或直接到相关银行及机构办理挂失手续。若身份证同时遗失应马上到银行冻结存款，也可以采用电话挂失的方式先行办理临时挂失，再到柜台补办手续。

（四）注意观察线索，协助破案

宿舍发生盗窃案，窃贼可能就生活在身边，还可能是自己宿舍的同学，此时应当注意观察周围同学是否有反常表现，积极向有关部门提供线索。一些盗窃案发生后，可能会因暂时没有线索或证据不足而无法破案，特别是内部人员作案的情况更是如此。破案的关键是要掌握证据，做到有理有据。若胡乱猜疑、指责，只能造成矛盾、影响团结。如果在毫无证据的情况下仅凭怀疑就对他人进行搜查，动机虽好，却是一种违法行为。

（五）发现窃贼，沉着应对

如果刚好碰见可疑人员，要提高警惕、保持镇定，懂得随机应变。一般情况下，窃贼大多不敢轻举妄动，不至于对发现者的人身安全构成威胁，所以不要慌乱。可假意与其攀谈，使其误以为把他当作某位同学的亲友，以此做到拖延时间，等待其他同学到来。如果发现者是独自一人，而对方又有可能攻击你时，可拿起可自卫的工具，如凳子、扫帚等，并大声呵斥，对其形成威慑。若窃贼冲出门，可大喊"抓小偷"，以引起他人注意而获得帮助。此外，要牢记窃贼的主要特征，如果没能当场抓住窃贼，还能通过其外貌特征线索向公安机关报警。

第二节　自尊自爱，拒绝"黄、赌、毒"

"黄、赌、毒"是享乐主义、拜金主义和极端个人主义的产物，是社会发展过程中沉渣泛起的一大毒瘤，与中华民族勤俭节约、艰苦奋斗、自强不息的传统美德背道而驰。不少风华正茂的大学生陷入"黄、赌、毒"中无法自拔，从而丧失了理想和人格尊严，并走向犯罪的道路。据观察，在"黄、赌、毒"犯罪分子中，"单一型"的占少数，"复合型"的占多数，也就是说，沾上"黄、赌、毒"其中之一，便也会址上"偷、嫖、抢"等犯罪行为，因为他们需要大量的金钱来支撑自己的需求。我们要认清"黄、赌、毒"所引致的极端社会危害性，坚决反对与抵制"黄、赌、毒"，净化包括高校在内的社会风气。

一、远离"黄色污染"

图3-8　抵制"黄色污染"

所谓"黄色污染"，即指淫秽制品，具体是指描写性行为或露骨宣扬色情的录像带、录音带、影片、幻灯片、照片、书籍、报刊、抄本等，以及印有这类图片的玩具、用品和淫药淫具。淫秽制品具有扩散快、毒害大、遗毒深的特点。在中国，传统观念比较强，对于性还是比较保守，因此很多大学生没有正规渠道去了解，但越是如此，越是让大学生对性充满好奇。大学生处在青春期，会产生一些对性的好奇和向往，这是正常的生理反应。但大学生应该把主要精力放在学习上，自觉抵制色情诱惑，不涉足有色情嫌疑的场所，对淫秽制品要坚决做到不看、不传，更不能走私、制作和贩卖，要洁身自爱，通过正常的文体活动，培养健康向上的生活情趣。

（一）涉"黄"的法律处罚

在涉"黄"的罪名中，最高刑罚是无期徒刑或者死刑，并处没收财产。如组织他人卖淫，情节严重的；强迫不满 14 周岁的幼女卖淫的；造成被强迫卖淫的人重伤、死亡或者其他严重后果的，判处十年以上有期徒刑或者无期徒刑，并处一万元以下罚金或者没收财产。其中，旅馆业、饮食服务业、文化娱乐业、出租汽车业等单位的人员，利用本单位的条件，组织、强迫、引诱、容留、介绍他人卖淫的，对所列这些单位的主要负责人，从重处罚；引诱未成年人参加集中淫乱活动的，从重处罚。判刑较重的在十年以上，一般的在五年以上，单处或者并处罚金。传播淫秽物品罪，处两年以下有期徒刑、拘役或者管制。卖淫嫖娼犯罪，单处或者并处罚金五千元以上一万元以下，或者没收财产。

案例

2018 年 5 月，杭州警方公布，上城警方、江干警方、下沙警方捣毁"九月久""七色（小公举）""PR 社"这三个号称"美少女直播"的涉"黄"APP，涉及 10 多个省份，抓捕 93 人。而涉事的主播中，有很大一部分是在校女大学生，其中有一位芸芸，是浙江省内某大学在校学生。这位女生从 2017 年 12 月开始在"九月久"APP 做"黄播"，到 2018 年 4 月被抓，共赚了 6 万多元，但是其代价巨大，不仅被学校开除，还面临刑罚！

分析

网络虽然极大地丰富了人们的生活，但总有一些人会利用其来做违法的事，伤害一些没有社会阅历的年轻人，这已经严重危害了社会的安全！作为女大学生，本职是学习，虽然接触社会事物是其中一部分，但为了钱财做违法乱纪的事，不仅对不起父母，更对不起自己。

（二）影响大学生身心健康

色情文化借助语言、文字、图像、视频等工具来表现"性行为"，不正常地激起人们的性需求，导致部分大学生腐化堕落，对大学生的健康成长危害极大。

有的大学生被淫秽情景蒙蔽心灵，就想在日常生活中寻找这样的刺激，成天心神不安，犹如中毒上瘾。大学生正处于成长关键期，对于社会上各种有害事物认识不清，一旦接触到淫秽传播信息，很可能会无精打采、无心学习，大脑中时常闪现淫乱画面，精神方面受到严重刺激，身体素质也会逐渐下降，甚至放弃学业，走上违法犯罪道路。色情文化的泛滥已经严重影响了人类文化的走向，影响了物质文明与精神文明建设的健康与协调。

（三）传播各类性病

"黄色污染"在败坏社会风气、影响大学生健康成长的同时，也传播着各种性病，使人们的身体、心理备受伤害。性病对人体健康的损害是多方面的，感染性病后如不能及时发现并彻底治愈，不仅可损害人的生殖器官，引起不育，有些性病还可损害心脏、大脑等重要器官，甚至导致死亡。某些病一旦染上是难以治愈的，如艾滋病。

二、远离赌博

赌博是利用赌具，用财物作注争输赢，以占有他人利益为目的的社会丑恶现象，也是一种国家法律禁止的违法犯罪行为，已经成为严重的社会公害。

（一）赌博的法律处罚

在涉"赌"的罪名中，《中华人民共和国刑法》第303条规定：以营利为目的，聚众赌博，或者以赌博为业的，处三年以下有期徒刑、拘役或者管制，并处罚金。开设赌场的，处三年以下有期徒刑、拘役或者管制，并处罚金；情节严重的，处三年以上十年以下有期徒刑，并处罚金。未构成犯罪的，由公安机关按照《中华人民共和国治安管理处罚法》予以处罚。

（二）影响大学生学业和前途

对于赌博的危害，一些大学生认为，"赌博只是一种娱乐而已，输赢一点小钱无伤大雅"。但大量的事实证明，赌博有百害而无一利，由赌博导致的人间悲剧比比皆是。赌博就像精神鸦片一样会让人上瘾。大学生一旦陷入赌博泥潭，理智的防线就会崩溃，轻者不思进取、想入非非，终日心神不定、萎靡不振；重者沉溺其中而不能自拔，学业完全荒废，毁了自己的前途。

（三）影响大学生的身体健康

赢钱时快意兴奋，输钱时失望愤怒。赌博过程中参赌者精神状态持续极度紧张，或大喜或大悲。长期如此，即使是健康人的精神和身体也会出问题。倘若长期赌到深更半夜，或者通宵达旦，该休息时不休息，该吃饭时不吃饭，不但干扰人体正常的生物钟，而且容易引起胃病、痔疮、神经衰弱等多种疾病。

图3-9　赌博严重危害大学生身心健康

（四）诱发其他违法犯罪行为

赌博需要资金，而大学生是消费者，大多需要依靠父母供给来维持学习和生活。大学生一旦与赌博沾上边，赢了钱则随手乱花、挥霍无度，输了钱就千方百计想把损失赢回来，结果越陷越深，直至债台高筑，无法自拔。为了筹赌资、还赌债，有的甚至铤而走险，去实施诈骗、偷窃、杀人等违法犯罪活动，最终走上一条不归路。此外，赌博本身也是一种违法活动，一旦查证属实，将受到法律的严惩。

（五）正确看待赌博现象

随着人民生活水平日益提高，不少人在工作之余搓搓麻将、打打扑克，是很正常的现象。作为大学生要正确看待，不要把这种娱乐带到校园里，以免影响学业。近年来，随着网络的广泛普及，网络赌球、赌马等新型赌博形式开始在大学生中出现。大学生对此要保持高度警惕，千万不要陷入赌博网站的陷阱。另外，"中国福利彩票"和"中国体育彩票"两大系列公众彩票是国家允许的合法彩票，其目的是促进中国社会福利事业和中国体育事业发展，为中国社会福利事业和中国体育事业筹集资金。大学生如果从慈善的角度出发，可以根据自己的经济情况适当购买，但千万不可贪图"天降横财"，妄想通过中奖一夜暴富。

案例

武汉某高校开学没多久，大一新生郑某经高中同学介绍，加入了一个QQ群，通过押单双、大小进行赌博。进群的第一天，郑某先投入了20元，一把就获得了80元的收益，没过几天，就赢了1万多元，这让他感觉钱来得特别容易。随后，他越玩越大，由几十元一把升到2000元一把，慢慢就开始只输不赢了。后来越输就越想扳本，短短两个月，输了近4万元。

分析

赌博是社会公害之一，开设赌场赌局、聚众赌博或者进行网上赌博都是违法犯罪行为。赌博一旦上瘾就很难回头，有些人就有可能走上骗、偷、抢的违法犯罪之路。大学生赌博不仅破坏校园风气，还会影响身体，对其健康成长危害极大。

三、远离毒品

据有关统计，全球每年约有 10 万人因吸毒死亡，1000 万人因吸毒丧失正常劳动能力。单就死亡人数来看，毒品仅次于心脏病、癌症，被称为"人类的第三杀手"。如今，毒品问题已成为全球性问题，与恐怖主义、艾滋病并称为"当今世界三大公害"。

（一）认识毒品

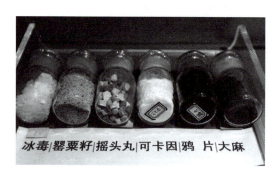

图 3-10　毒品的种类

《中华人民共和国刑法》第 357 条规定：毒品是指鸦片、海洛因、冰毒、吗啡、大麻、可卡因以及国家规定管制的其他能够使人形成瘾癖的麻醉药品和精神药品。常见的毒品有鸦片、吗啡、海洛因、冰毒、摇头丸、可卡因、止咳水、大麻等。一般来说，毒品有四个共同的特征：第一，强制性地使吸食者连续使用该药，并且不择手段地去获得它；第二，连续使用有不断加大剂量的趋势；第三，对该药产生精神依赖性及躯体依赖性，断药后产生戒断症状（脱瘾症状）；第四，对个人、家庭和社会都会产生危害后果。

（二）法律对毒品相关行为的惩罚

在涉"毒"的罪名中，最高刑罚是处以 15 年有期徒刑、无期徒刑或者死刑并处没收财产。如走私、贩卖、运输、制造鸦片 1000 克以上，海洛因或者冰毒 50 克以上，或者其他毒品数量大；毒品集团的首要分子，武装走私、贩卖、运输、制造毒品；以暴力抗拒检查、拘留、逮捕情节严重的，参与有组织的国际贩毒活动等。处罚较重的是三年以上十年以下有期徒刑，处罚较轻的是三年以下有期徒刑、拘役或者管制，并处罚金。从重处罚的四种情况是：利用、教唆未成年人作案，或者向未成年人出售毒品；缉毒人员或者其他国家工作人员包庇涉毒犯罪；引诱、教唆、欺骗或者强迫未成年人吸食注射毒品；因毒品罪被判刑，刑满释放后又犯毒品之罪。

（三）毒品对人体健康的危害

长期使用毒品会对人体的神经系统、呼吸系统、消化系统、免疫系统产生严重的危害，导致人体各器官功能减退，免疫力丧失，生育能力遭受严重破坏。男性功能减退、阳萎、不育；女性月经失调，还会造成精神失常。一次性大量吸食毒品，还可能直接导致呼吸衰竭而死亡。调查显示，吸毒人群的死亡率比一般人群高出 15 倍，吸毒人员平均寿命一般为 30—40 岁。许多毒品都对人的神经系统有明显损害，长期吸毒者会形成中毒性精神病，突出表现为急性妄想、幻觉、思维障碍、攻击他人等。毒瘾发作时，极易发生自伤、自残等行为。不少吸毒者由于难以承受巨大的精神压力和痛苦而自杀。此外，不洁注射还容易导致感染艾滋病、破伤风、败血病等多种疾病。

（四）毒品对社会和国家的危害

毒品问题是诱发其他刑事犯罪和社会治安问题的温床，吸毒人员以贩养吸、以盗养吸、以抢养吸、以骗养吸、以娼养吸的现象非常严重，给社会安定带来了巨大威胁。另外，吸毒还会导致吸毒者身患疾病，败坏社会风气，造成社会财富的巨大损失和浪费，从而影响生产力的发展和社会的进步。

（五）自觉抵制毒品犯罪行为

同毒品犯罪行为作斗争，是全社会的共同责任。预防大学生吸毒除了社会的努力，大学生自己应采取以下措施，增强抵制毒品侵蚀的自觉性，珍惜生命，远离毒品。

图 3-11 珍爱生命，远离毒品

第一，加强自我修养。根据统计资料显示，在吸毒的大学生中，多数学习成绩差，自感前途渺茫，受师生歧视，自暴自弃。所以，引导大学生把心思放在学习上，树立积极向上的人生观是抵制毒品侵害的根本措施。

第二，充分认识毒品的危害性。积极学习禁毒知识，牢记什么是毒品；牢记吸毒极易成瘾，并极难戒断；牢记毒品害人、害己、害家、害国；牢记吸毒违法，贩毒是犯罪；提高对毒品的抵御能力，绝不能在毒品及贩毒分子的诱惑面前存在一丝一毫的好奇心。

第三，谨慎交友。不要光顾低级趣味的娱乐场所，不要和不三不四的人交往，尤其不要轻易接受这些人送上的"好烟"，因为一些大学生正是由于吸"好朋友"或贩毒分子送给的掺有毒品的香烟而成为吸毒者的，青少年要养成不吸烟的良好习惯。另外，绝不能结交有吸毒恶习的朋友，更不能听其谎言，因一时冲动，出于好奇而尝试。一旦染上毒瘾，便难以自拔。

第四，要增强心理承受能力。大学生在学习、生活及家庭中遇到困难和挫折，甚至在重大打击下，都要正确对待，要以顽强的意志和理性战胜眼前的困难，做生活中的强者，而不是因为一时无所适从和精神空虚去寻求不健康的精神刺激。如果沾染了毒品，要主动报告，自觉接受学校、家庭与社会的监督和帮助，及时戒除和治疗。

第五，大学生除了提高自身防毒能力外，还应为全社会禁毒工作做贡献，有责任向父母、兄妹、亲戚、朋友讲解毒品的危害，要敢于向禁毒机关或有关部门揭露毒品犯罪和吸毒行为，形成人人抵制毒品、远离毒品的社会环境。

案例

2015年1月，某艺术院校学生杨欣（化名）在接到黄某在"陌陌"上发来的求购大麻叶信息后，邀约某职业院校学生张磊（化名）共同前往江北区观音桥某KTV与黄某交易大麻。张磊按照杨欣的安排将黄某带至洗手间处，杨欣在此将净重1504克的大麻以1700元价格贩卖给黄某，交易完毕后，被民警当场抓获。在案件审理过程中，一些涉案大学生谈到，在他们的圈子里，吸食大麻感觉很时尚，自己不吸会被别人觉得与他们格格不入而被冷落；贩卖大麻更是会让自己觉得有成就感、有面子。

分析

> 从众心理、对大麻危害以及对法律的认识不足是导致大学生吸食贩卖大麻的主要原因。大多数大学生开始吸食大麻是从朋友聚会开始的，很多人认为吸食大麻与吸烟并没有本质区别，认为想戒就可以戒掉，吸一点、卖一点都没关系。殊不知，大麻有强烈的成瘾性。按照《中华人民共和国刑法》第347条，"走私、贩卖、运输、制造毒品，无论数量多少，都应当追究刑事责任，予以刑事处罚"。

阅读延伸

禁毒公益微电影：《倒带》

第三节　防范传销，不轻信暴富神话

传销，是国家明令打击的违法行为，是指组织者或经营者发展人员，通过对被发展人员以其直接或者间接发展的人员数量或销售业绩为依据，计算和给予报酬；或者要求被发展人员以交纳一定费用为条件，取得加入资格等方式牟取非法利益，扰乱经济秩序，影响社会稳定的行为。

一、传销的含义

传销是起源于美国，曾盛行于西方的一种营销方式，于1945年由安利的创始人——两名犹太裔哈佛大学学生花费五年时间研究出来的。1990年传销登陆中国市场，一时间从南到北，在各大城市遍地开花。一些以传销方式销售的保健品、药品、清洁用品品牌名声大振。不少不法分子开始利用传销进行不法行为，把它变质为金字塔式的骗局，销售的目的由推销商品转为骗取钱财。

图 3-12　传销通过虚假报酬吸引人参加

二、传销的危害

传销以发展推销人员入会为主要目的，通过入会人员的入会费或"资格费""人头费"牟得利益。传销没有固定的经营场所，通过一个个所谓成功的案例来吸引人参与。这种模式实际上是一个金字塔的构建模型，处于金字塔底部的人员供养处于金字塔顶端的人员。金字塔塔基越大，处于金字塔上层的人员获利越丰厚，但是这个金字塔非常不稳定，塔中间任何一个环节出现问题都会导致整个金字塔倒塌。同时，这个金字塔要求处于塔中间的每个成员都必须按照同一个游戏规则进行活动，但又缺乏有效的管理，这势必造成金字塔基础不稳定。

传销屡禁不止的主要原因还在于对人精神的毒害，利用大学生急于在社会中锻炼、渴望成功、急于求成的心理，以能"介绍工作""介绍生意""高收入"等充满温情的幌子，从设计陷阱到讲师"洗脑"，让受害者从反感到好感，从不相信到相信，从被动被骗到主动骗人，一步步痴迷，最终越陷越深、不能自拔。

图 3-13　传销危害人际关系

传销发展到今天，危害十分严重，严重扰乱经济秩序，危害社会稳定。它让很多人血本无归、亲友反目、众叛亲离，害得很多家庭妻离子散、家破人亡，滋生刑事犯罪等社会问题。如今，传销已成过街老鼠，但还是有很多大学生无法及时识别、防范传销，而陷入传销陷阱。

三、传销的特点

通过对近些年媒体披露和公安机关破获的传销案件进行分析，不难发现传销组织大都有一个完整的欺骗链条。为了把新人引入传销组织，他们的欺骗步骤一般为：列名单，电话、短信QQ信息或微信邀约，摊牌、跟进、加盟等，而且会根据受骗者心态、背景、特长等，"量身打造"一个"甜蜜"的诱惑。

（一）虚拟性更强

互联网已经成为传销组织的一种发展手段。他们多以"电子商务""资本运作""商务商会"等形式出现，掩人耳目，在网络上创建各类网站，涉及股权投资、网络游戏等新兴领域，与非法集资、诈骗等违法犯罪行为交织，涉案金额更为巨大，社会影响范围更广。传销的资金经网上银行流转，从传统的实物产品发展为办理虚拟会员卡等新形式传销，并且已经较为普遍。

（二）迷惑性更强

图3-14　传销有很强的迷惑性

传销网站大多打着远程教育、培训、个人创业、电子商务或加盟消费、投资返利、集资开办公司等旗号吸引人，掩人耳目，掩盖其发展会员（下线）以牟利的本质，诱惑力大、迷惑性强。而且许多传销组织披上"合法"外衣，工商执照、各种销售用工合同一应俱全，容易使人上当受骗。

（三）涉案人员更为"高智"

传销组织开始吸收大学生、公务员、教师、律师及企业负责人等参与，传销人员越来越"高智化"。年轻人急于找工作，实现自身价值，辨别和自控能力较差，容易上当受骗。传销组织人或机构向新来者灌输"洗脑"培训，大肆宣扬所谓的"成功学"，动员和灌输的方式类似于狂热的宗教仪式，高呼口号、呼喊主要组织者名字，声势甚至不亚于一支正规部队。

（四）活动形式更为隐蔽

与传统传销不同，当前传销活动多在互联网上运作，线下组织相对零散，规模较小，通常总部只派遣一个人作为地区总代理，且仅在发展会员时偶尔露面，其余交易均在网上完成。多数传销组织将人员按地域划分，彼此间不准联系和交叉发展，上下级间也是单线联系。因此许多被骗者只能找到发展自己的人员，对其他信息一无所知，造成公安机关侦查和打击困难。

案例

2014年7月1日，在开封上学的王某在"江苏一家工厂"如愿找到了暑期工，离家时跟家人说，是一个高中同学帮他找到的工作。随后，王某与家人失去联系。前几天，家人接到他发来的求助短信，说钱不够了，要200元钱。之后，家人又接到其手机短信，要求他们再打3000元钱过去，家人这才意识到他被骗进了传销组织。接着家人又接到一个电话，对方自称是和王某一起被骗进传销组织的，但侥幸逃出。对方告诉王某家人，王某现在安徽省淮北市。随后，他们赶紧与学校和当地警方联系，并在微博上求助。后经家人、学校、警方的共同努力，王某脱离了传销组织。

分析

这些传销人员被"洗脑"后，为了自己能够"暴富"，不顾廉耻，编织各种谎言，利用同学、同乡、亲戚、邻居等关系拉拢人员，发展自己的"下线"。大学生如果接到自己的同学、同乡、亲戚等向自己推销不符合现实的"好工作"，就应该提高警惕，他们很有可能进入了传销组织。

四、防范传销组织

（一）不要相信一夜暴富的神话

别总想一夜暴富，这是防止误入传销组织最重要的一点。不要被"有钱就是成功"的暴富心态左右你的价值观，相信天上不会掉馅饼。不管是谁告诉你可以一夜成为百万富翁都不要相信，哪怕是你最亲近的人。钱是一分一分挣来的，是用汗水浇灌出来的。要对自己有全面的了解，清楚知道自己的实力究竟有多少。能挣到百万、千万甚至上亿资产的人确实有，但他们绝对不是通过搞传销挣来的。

（二）保持平常心态

千万记住，传销致富路不通，竹篮打水一场空。不要把钱想得那么重要，也不要一门心思地想让自己神速富裕起来。只有通过自己的诚实劳动，才能收获到最幸福的生活。别被自己的私欲所吞噬，当有朋友告诉自己某项工作可以使生活发生巨变成为人上人，这肯定是虚假的。不要因传销人员宣扬暴富而欣喜若狂、不知所以。平时要掌握识别传销的基本知识，树立勤劳致富、传销违法、拒绝传销的防范意识，保持一颗平常的心态。

案例

2014年8月下旬是许多高校新学期报到的时间，但大四女生周某却不见踪影，随后周某的母亲和班主任确定其已失联。原来，周某在7月考完试后便乘车离开家，她打电话给班主任声称已经回到家里。但在开学前的8月24日，周某的母亲却打电话给其班主任，说女儿整个暑假并未回家。之后，周某的母亲、老师和同学们通过电话、短信、QQ等工具与其联系，但均未得到回应。其家人通过多方了解才知道她被骗进霸州的传销组织，于是便报警并告知学校。9月20日深夜，霸州市公安局等待大部分传销人员回到窝点后开始了清查活动。最终，失联多日的女大学生周某被霸州警方解救。

分析

周某平时学习成绩一直不错，性格好，经常参加学校各种活动并且表现优秀。因为家庭经济情况并不好，周某大学的学费一直是靠助学贷款，为了给家里减轻负担，她便想趁着暑假外出打工挣钱。于是在同学的介绍下就去了北京打工，因此被骗入传销组织。大学生在找工作时要脚踏实地，不要把挣钱想得那么简单，不然这种心理很容易被传销组织利用而上当受骗。

（三）冷静对待，综合分析

事实上，在传销中能赚到钱的是极少数金字塔顶尖上的人，另外，传销组织组建团队、租课堂、包装自己、住宾馆、租车等方方面面都需要大笔开支，真正到手的钱并没有想象的那么多。只有出租房屋给传销人员住、为传销人员提供吃喝拉撒服务的当地人能赚到钱，其他的人想挣到钱比登天还难。因为传销金字塔顶尖上的人是在利用传销诈骗，想赚到骗子的钱谈何容易。传销在我国是违法的，是用非法的手段进行诈骗、集资或者聚会，传销是用最大的谎言来骗取真诚。

阅读延伸

反传销宣传片：《害人的传销》

第四节　大学生人际交往安全

　　人际交往是人与人之间最基本的交往活动，也是大学生活的重要内容。良好的人际关系有助于大学生的心理健康，是正常学习和生活的基本保证。在纷繁复杂的社会和形形色色的交往对象中，难免有一些品行低下之人，甚至是不法之徒，他们在给大学生交往带来不和谐因素的同时，更引出了一个重要的话题——大学生人际交往安全。本节主要介绍了大学生在人际交往中常见的几种安全问题及应对措施。

一、大学生如何应对纠纷和打架斗殴

　　校园中出现打架斗殴，绝大部分是因为大学生之间一些小的矛盾纠纷没有得到及时化解而酿成的。这其中酗酒后寻衅滋事、打架斗殴比较突出。这里主要介绍怎样化解纠纷和如何防止打架斗殴，以增强大学生的自律意识，保护自身安全。

（一）应对纠纷

1. 大学生纠纷的主要原因

　　大学生中发生纠纷的原因主要有：开玩笑过分或刻意地挖苦别人；猜疑；妒忌；骂人或不尊重别人；不谦虚，狂妄自大，目中无人；极端利己，不容他人，争强好胜。

2. 怎样化解纠纷

　　纠纷是大学生活中的常见现象，又往往会造成严重后果，所以大学生应尽力防止发生纠纷，避免扩大，造成无法挽回的局面。当预感到可能发生纠纷时，应做到以下几点。

　　（1）冷静克制，切莫莽撞。无论争执由哪一方引起，都要持冷静态度，不可情绪激动，这就要求我们心胸宽广、虚怀若谷。对于那些可能发生摩擦的小事，要宽容，一笑了之。刘少奇同志在谈到共产党员的修养时指出："我们应注意自己不

图 3-15　同学之间和谐相处

用言语去伤害别的同志，但是当别人用言语来伤害自己时，也应该受得起。"如果能够做到这一点，就能"猝然临之而不惊，无故加之而不怒"，一切纠纷，都会化为乌有。

（2）诚实谦虚。在与同学及其他人相处中，诚实、谦虚是加强团结、增进友谊的基础，也是消除纠纷的灵丹妙药。有了诚实、谦虚的精神，在发生纠纷时，就能认真听取他人的意见，进行自我批评，宽容他人的过失，处理好相互间的争执。

（3）注意语言美。实践证明，大学生中的纠纷多数由口角引起，而口角的发生都是恶语伤人的必然结果。语言美是社会主义精神文明的重要内容，当你不小心触犯了别人时，你讲一句"对不起""很抱歉""请原谅"；或者别人触犯了你，向你道歉时，你回敬一句"别客气""没关系"，紧张气氛就会烟消云散，从而化干戈为玉帛。

要做到语言美，一是说话要和气，心平气和地与人说话，以理服人，不强词夺理，不恶语伤人。二是说话要文雅，谈吐雅致，不说粗话、脏话。三是说话要谦虚，尊重对方，不说大话，不盛气凌人。

案例

2018年在湖南的一所大学里，学生小田去其他寝室找同学，而此时该寝室的同学都正准备休息。小田过去时一脚踢开了寝室门，寝室里的小江便说了他一句，小田不服气，两个人就发生了口角，并有了肢体接触。小田回到自己寝室后还是咽不下这口气，心里很不爽，于是就叫上自己的室友一起去找小江的麻烦。几个人将小江从床上拉下来一阵殴打，学校学工处听到这个消息急忙赶来将小江送到医院。不幸的是，小江抢救无效死亡。

分析

因为一言不合而发生校园暴力事件屡见不鲜。身为一个大学生，做事不应该如此冲动，同学之间意见不合，要好好沟通，不应该用暴力解决。室友相处的过程中，若有什么生活习惯的不同之处，或是性格不合的地方，要好好提出来，言辞不要过于犀利，双方各让一步才能和谐相处。

（二）防止打架斗殴

1. 打架斗殴是违法违纪的行为

校园内同学之间交往频繁，由于性格不合、见解不一和利益冲突等原因，会引发各种各样的矛盾和纠纷，有时会导致打架斗殴现象发生。打架斗殴是校园内的一大公害，成为在校大学生违法违纪行为的主要表现之一。

《普通高等学校学生管理规定》第 57 条明确规定："禁止酗酒、赌博、打架斗殴、聚众喧哗，树立良好的社会道德风尚。"

2. 如何防止打架斗殴

图 3-16　校园内禁止打架斗殴

（1）防止突发性打架斗殴的"偏方"——说服术。突发性打架斗殴往往是对偶然事件不能冷静处理而引起的。制止这种打架斗殴首先应采取说服的方法，针对不同的对象，讲清道理，指出"行少顷之怒，丧终身之躯"的严重后果，使冲动的头脑迅速冷静下来，不自酿苦酒。

（2）防止报复性打架斗殴的方法——攻心术和暗示效应。报复性打架斗殴往往产生于某种奇特的变态心理。在生活中，人们的思想动机必然要从言语、行为等方面显露出来。所以，要注意关心同学的思想变化，发现问题及时而又有针对性地进行规劝。同说服术一样，所不同的是攻心术以关切为先导，不直接指出对方的错误，因为那样容易引起对方的反感，或置对方于十分难堪的境地。大学生一般来说自尊心都是很强的，所以，应委婉相劝，攻心为上，用一种相似的人或事来善意暗示对方。正如周恩来同志所说的："与人说理，须使人心中点头。"让对方自己觉悟，从而领悟到同学之间的情谊。

（3）防止演变性打架斗殴。演变性打架斗殴一般有较长周期的滋生过程。同学们长期生活在一起，不可避免地在思想上和生活上发生一些摩擦和冲突。而有些伤人感情的话语容易生成积怨，引发打架斗殴，甚至毙命。

（4）防止群体性打架斗殴。大学生完全能够从纷繁复杂的生活现象中分辨是非、判断正误，但是为帮同学、老乡或朋友而进行群体性打架斗殴的现象却也时有发生。

3. 遇上别人打架斗殴的处理方法

如果遇上别人打架斗殴，不要火上加油，防止扩大事态，并做到以下几点。

（1）不围观，不起哄，不介入。

（2）如果想劝解，应当先问明情况，站在公正的立场上做双方的工作。若劝解无效，应迅速向学校有关领导或保卫部门报告，以防事态扩大。

图 3-17　及时调节双方矛盾

（3）打架的一方如果是同学或熟人，在劝解时要主持公道，不可偏袒。在采取隔离措施时，应当首先拉自己的同学或朋友，以免被对方误解为拉偏架，或者将你当作对方的"同伙"而使自己受到无故伤害。

（4）当学校有关部门调查打架真相时，现场目击人要勇于出来向有关部门提供线索和证据，以保护受害人的合法权益，使肇事人受到惩处。见义勇为是每一个公民应有的道德。

案例

大学生张某与蒲某是2011级同学。由于张某家住静海县，蒲某经常对其讥讽，嘲笑他为"老逼儿"，张某于是怀恨在心，遂产生报复心理。2012年9月早晨张某与蒲某双方因生活琐事再次产生矛盾。张某将蒲某叫到其宿舍，因言语不和，张某首先动手打蒲某，并用脸盆猛砸蒲某头部使其头部出现多处肿胀青紫，血流满面。蒲某在厮打过程中将张某鼻梁骨打折。因同室马某、崔某、周某当时在场偏袒一方，导致当事人双方均有伤害。事后学校给予张某留校察看处分，其他几位同学均受到学纪处分。

分析

打架斗殴是人们在现实生活中超出理智约束的一种激烈的对抗性互相侵害的行为。目前，我们在校学生的年龄大都在18~23岁，正是血气方刚，生活中有时也许会不理智地处理同学之间的矛盾，或遇突发性纠纷时容易超出道德"警觉点"，无视危险的路标，急匆匆地步入歧途。

二、大学生如何处理恋爱纠纷

图3-18　大学生恋爱

进入大学校园后，大学生对爱情的渴望也在心底慢慢萌芽。爱情是浪漫且美好的，但是如果处理不当，爱情也会伤人，如果遇到了问题就真的是一件伤人又伤神的事情。因此大学生正确处理好恋爱中的问题，有助于创造良好的学习环境，预防和减少社会、治安案件的发生。

（一）大学生恋爱中的安全问题

1.婚前性行为

有的大学生由于缺少性卫生常识，在性行为发生过程中，往往会使女方阴道损伤或泌尿生殖系统感染。如果遇到意外怀孕或堕胎等情况，会对双方造成不同程度的压力，进而影响正常的学习和生活。尤其是未婚先孕的女大学生，在进行人工流产时，由于青春期女性生殖器官未完全发育成熟，手术时容易发生子宫损伤，还可能为以后留下习惯性流产或早产的隐患，甚至会造成终身不育的恶果。由于大学生的心理发育还没有成熟到能够非常自如地处理两性事务的程度，而且婚前性行为不受法律保护，男女双方彼此并不承担责任，因此对待婚前性行为一定要谨慎。

2. 恋爱暴力

大学生因恋爱而引起的相关心理和行为问题日益严重。恋爱关系中的个体因各自的成长环境、性格、气质、行为习惯、价值观念的不同形成了形态各异的恋爱关系群体，其差异性在恋爱冲突中显现出来。恋人在相处磨合的过程中会因为其特异性而产生彼此无法接纳统一的部分，恋爱暴力即是这一部分的直接表现形式。世界卫生组织将恋爱暴力定义为在恋爱关系中，一方针对另一方的任何蓄意的言语、身体、心理以及性的攻击和伤害。恋爱暴力在大学生中普遍存在，并会不同程度地影响大学生的心理和行为。如抑郁、焦虑、自杀以及药物滥用等。青春期不健康状态和行为，较多与曾经遭受过的肢体暴力或性暴力有关。

3. 感情纠葛导致意外

恋爱中的感情纠葛同样会给大学生的学习和生活带来影响，使其陷入痛苦，处于空虚和烦恼甚至绝望的状态，处理不好会对以后的恋爱和婚姻生活造成消极影响。由于大学生思想情感尚不成熟，恋爱的成功率往往很低，持续的时间也较短。失恋带来的悲伤、痛苦、抑郁等不良情绪会使当事者的心理受到很大伤害，一旦形成阴影容易引发更严重的心理甚至生理疾病。如果不能及时化解，甚至会造成轻生、伤害他人等严重后果。

（二）大学生恋爱纠纷的正确处理方式

发生恋爱纠纷，双方当事人应以协商处理为主。如果协商不成，可请老师和学校领导出面解决。此外，不管恋爱结局如何，都要有解决问题的诚意。只有这样，才能在协商调解中打破僵局，求同存异，妥善解决问题。

恋爱发生纠纷时双方应多作自我批评，防止感情的破裂，造成难以收拾的僵局。在双方感情矛盾中，有过错一方要主动承认错误，并用实际行动改正错误，以取得对方谅解。如果确无和好可能，或者一方坚持中断恋爱关系，另一方也要面对现实，为了今后的长久幸福，

图 3-19　恋爱纠纷陷入痛苦

果断地中断恋爱关系。

中断恋爱关系后，要处理好善后事宜。善后事宜主要包括：对方的恋爱书信尽可能退还对方；在恋爱中，用于共同消费的款项，双方结算为宜；互赠的礼品，按照民法中关于赠予的法律规定，一般不索还，但如果是贵重物品，提出中断关系的受赠一方应主动退还对方为好。因为赠送珍贵礼物是以存在恋爱关系为前提的，一旦中断恋爱关系，其赠予前提已不存在，不能让失恋一方在承受沉重精神打击之后，再蒙受经济上的重大损失。另外，还可以防止个别人以恋爱为由骗取钱财。

案例

四川德阳某校一名计算机系大二男生武某因与外校的女朋友分手，情绪反常，喝了不少酒，之后冲入女生寝室，去六楼找在校要好的女同学聊天。他趁守护的同学不备，关上门从六楼纵身跳下。结果武某经抢救无效死亡。

分析

> 大学生恋爱现象由来已久，它曾给大学生带来过美好的结果，有很多青年由此结合，组建了幸福的家庭。与此同时，由此带来的消极影响也是十分明显和严重的。

三、大学生如何应对性侵害

（一）性侵害的概念

关于性侵害的概念，我国法律上并没有明确定义，有的也只是学理上的见解。一般认为，性侵害包括强奸、强制猥亵、侮辱和性骚扰。

强奸罪，我国《刑法》早已有明确规定，指违背妇女意志，使用暴力、威胁或其他手段，强行与妇女发生性交的犯罪行为，最高量刑幅度可达死刑。2015年《刑法修正案（九）》对强制猥亵、侮辱妇女罪做了修改，司法解释将其更名为强制猥亵、侮辱罪，指以暴力、胁迫或者其他方法强制猥亵他人或者侮辱妇女的犯罪行为，该行为的最高量刑幅度可达有期徒刑5年。

而一般的性骚扰，则主要是一种民事侵权行为，通常是骚扰者向被骚扰者做出不受欢迎的与性有关的语言或举动，包括身体接触、言语、图文展示、眼神及姿势等，如讲黄色笑话、评头论足、展示色情图片、刊物及用品，询问性隐私、约会、猥琐的眼光、性姿势、身体触碰、暴露性器官等。2018年8月27日，提交全国人大常委会审议的《中华人民共和国民法典（草案）》人格权编规定，违背他人意愿，以言语、行动或者利用从属关系等方式对他人实施性骚扰的，受害人可以依法请求行为人承担民事责任。

一般认为构成性侵害行为应当同时具备四个构成要件：第一，行为人实施了不受对方欢迎的与性有关的外在行为；第二，受害人的性权利受到侵害，造成精神利益和其他方面的损害；第三，行为人实施的不受欢迎的与性有关的行为与该损害结果之间具有因果关系；第四，实施行为的人主观上是故意。

图 3-20　大学生要学会防范性侵

（二）女大学生防范性侵害的措施

女大学生正当青春年华，充满活力，但是自卫能力弱；也有个别人精神空虚、意志薄弱，难拒诱惑、作风轻浮。由于上述原因，女大学生成为不法分子进行性侵害选择的主要对象。在社会治安日趋严峻和复杂，性犯罪案件日渐增多的形势下，大学生应了解、掌握有关性侵害的防范知识，有效保护自己。

1. 遭遇性侵害前的预防措施

（1）自尊、自重、自强，不轻易相信陌生人。在与人交往时，女大学生需保持坚强的意志，不贪占小便宜，不吃喝陌生人的食品、饮品；以最安全途径出入，避免夜归及走僻静路径；避免单独与陌生男子乘电梯，尽量站近警钟位；信任自己直觉，发现有人心怀不轨，立即躲避；与朋友家人多联系，让他们知道自己行踪；小心门户，拒绝让陌生人入屋；不轻易与陌生人交谈，在与熟人交谈时亦应注意言谈举止的文明和得体，不开过分的玩笑，不要故意哗众取宠，乘坐公交车时，尽量坐在司机旁边，因为司乘人员有义务保护乘客的安全。在路上一个人行走时，应注意打量周围，看是否有异常的人在注意自己，接近自己，因为绝大多数性侵害行为都是近距离的，所以，平时走路不要只专注着打电话或想问题，而应该多注意自己周围的人，增强安全防范意识。衣着打扮既要注意高雅而不暴露，特别是夏天，衣服单薄，一不小心就会因身体暴露而招惹是非，有些女大学生可能在公共汽车上遇到过男性"不经意"的触摸，其实那男性可能是有意的。面对可能发生的侵害，我们首先应该积极预防，让那些侵害行为远离自己或者将其消灭在萌芽状态。

（2）网上交友须慎重。许多女大学生喜欢网上聊天，网上虚拟的空间很容易把天真浪漫的女大学生带入无限的感情遐想之中，经不住糖衣炮弹的女孩往往轻而易举地同意与网友见面，而见面后的场景可能是怎样的呢？又有多少女孩从此

图3-21 网上交友须慎重

有去无回，网上的陷阱、网上的欺骗、网上的虚假承诺，是谁也预料不到的。女大学生一定自己要珍惜年轻的生命和来之不易的青春，不要葬送在本应点缀人们生活的虚拟世界里。加强防范，谨慎交友，不要轻信甜言蜜语，不要轻信他人承诺，不要追求虚荣，不要追求奢华，用平常心来对待朋友，用平常心来与人交往。特别是不要轻易同意与他人见面，因为一旦见面很有可能受到他人的不法侵害，且主要是性侵害。

（3）与男性的初次交往一般不要单独行动。女大学生人际交往的异性群体中，无非有男性朋友、同学和老师等，不管是哪一类男性，在初次交往时最好不要单独与他见面，因为这时可能给他造成一种可乘之机，让性侵害行为有滋生的"土壤"。与男性朋友来往，可以打电话约他到公共场所来交谈，或是随女友一同前往；与男老师交流时，一般不要在其私人活动的空间里交谈，有问题尽量在教室里或办公场所询问，或携朋友一同前往。

（4）上学、放假或是走访朋友最好结伴而行。很多女大学生在独行的旅途受到性侵害，这些侵害的地点大多是隐蔽的场所或寂静的夜晚，所以在上学、放假或是外出时应该尽量结伴而行，增强自身的防御能力。旅行途中不要轻易相信陌生人，并接受其食品或其他东西，以免遭到不测。

2. 遭遇性侵害时的自卫措施

一旦遇到性侵害行为的发生不可避免时，我们一定要保持冷静，首先对于不合理的要求要明确地坚决拒绝，如果还不奏效则要义正词严地反击，或是大声呼喊，或用手机呼救朋友或亲人，或是奋力挣扎，用高跟鞋猛踩那人的脚，或者用手臂进行阻挡，让不法行为尽量消灭在萌芽状态，不要让其愈演愈烈。遇事保持冷静警觉，谨记犯案者特征，并与对方谈话拖延时间，随机应变。仍然不能避免时，就采用有效自卫术，善用随身物品(例如头簪、钥匙、雨伞或鞋)作反击武器。用指甲抓对方的脸，用脚猛踢对方的下体，或是将随身携带的手机拍照或录音，以取得证据，为日后的诉讼或其他制裁提供证据支持。如果一时感觉势力单薄，应尽量寻找机会获得周围有责任心的人的支持，或者采用巧妙周旋的方法拖延时间，以争取与其他人靠拢，获得联合反击的机会，从而维护自己的权益。

3. 遭遇性侵害后的正确做法

女大学生在遭到性侵害后往往觉得那是奇耻大辱，不敢揭发也不敢对外透露，自己默默承受，久而久之就会出现精神抑郁、自闭症，甚至更严重的后果，同时还放纵了违法犯罪分子，其危害不言而喻。

正确的做法是注意秘密收集证据材料，保护好现场并及时报案，对于警方的调查一定要积极配合，协助查找有价值的证据材料，使违法犯罪行为得到应有的惩罚。切忌知情不报，姑息纵容或者妥协让步。

案例

2019年11月16日，上海某大学会计学院一名女研究生在课后排队向教授钱逢胜提问，但轮到她时已到教学楼熄灯关门时间，她只好同意钱逢胜送她到校门口的提议，并在其车里继续请教。但当时钱逢胜却将车停至校内一偏僻处，熄灯锁门后对她进行语言和身体性骚扰。于是，她用手机录音取证并上传相关网站进行举报。

分析

该事件中，受害女大学生非常冷静地针对导师的各种劝诱，守持底线，及时取证，勇于举报。正是这名女生的大胆维权，才让教授的恶劣行径得以揭穿。在日常生活中，女大学生要不断提高防护意识，了解好环境，保持冷静，熟知在紧急情况下该用哪些手段反抗，才能真正保护好自己。

安全之窗

大学生遭遇性侵后的心理疏导

大学生遭遇性侵的案例在社会上时有发生，对受害人而言，除了是身体上的伤害之外，也是心理上的摧残，所以受到性侵之后，一定要做心理方面的康复。

在遭到性侵害后，应立即采取措施，消除附加恶果，排出异物，防止怀孕。这样做的正向心理效应和积极意义在于使受害者获得心理补偿，能暂时阻止精神崩溃。然后，从三个方面入手，引导其进入心理康复阶段。

稳定情绪

调节心理的一大技巧是疏导积郁，使得它能够合理宣泄。首先一定要明白，被性侵并不是受害者的错，事发后不应该指责受害人的衣着及生活习惯，不应该让受害者承受言语侮辱的二次伤害。家长、老师和受害者最依赖的人，要用最真挚的同情心启发受害者倾诉屈辱、憎恨和内心深处的凄楚。第二个技巧是诱发行为和情感的积极转移，就是不能让受害者沉溺在性侵害心理眩惑的旋涡之中，而是让其把情感转移到珍惜生命的价值和追求生活的美好这一方面。

讲究心理卫生，消除心理病患

脱离危险期不代表着心理失调的消失，受害者的心理还会长久存在着自卑、孤独、消沉等负面情绪、继而引发常见的心理疾病：

抑郁症———自我评价过低，丧失活下去的勇气。

焦虑症———敏感易惊，惴惴不安。

强迫症———无法控制和摆脱对受害经历的回忆，总认为自己不洁。

社交恐惧症———怕与别人接触，怕见别人的眼睛。

如果发现受害者存在这样的疾病，要及时对其进行心理诊治和药物治疗，家庭和学校也要配合治疗辅之以心理上的诱导、鼓励和抚慰。

促进心理健康，增强对迷乱的抗衡力

这一阶段是根除受害者遭遇性侵害心理眩惑最富于积极性的要举。要让受害者树立正确的人生观，以积极的心态去对待自己和社会；还要引导受害者去追求社会性、精神性的需要，从逆境中奋起，只有这样，才能增进受害者抗衡迷乱的能力，有信心去面对崭新的明天。

安全问答

治安与防范知识测试题

第四章　隐患险于明火，
防范胜于救灾——消防安全

火是人类赖以生存和发展的一种自然力。可以说，没有火的使用，就没有人类的进化和发展，也没有今天的物质文明和精神文明。然而，火灾又是威胁人类安全的重要灾害，就其破坏性来看，是仅次于旱灾、水灾的第三大灾害。火灾，尤其是在大学生活中发生的火灾，大部分是可以预防的。大学生应该学习、掌握防火知识，了解火灾发生的原因，从根本上减少或避免校园火灾事故的发生以及人员伤亡。

第一节　校园火灾概述

图4-1　校园火灾事故现场

大学校园是人员高度聚集的场所，教学仪器、科研设备等易燃品多，用电量大，学生宿舍密集，一旦发生火灾事故，往往造成人员伤亡和重大财产损失。消防安全作为学校公共安全的重要组成部分，是构建平安校园、和谐校园的重要保障。

一、了解火灾

火灾，是指在时间或空间上失去控制的燃烧所造成的灾害。凡存在违反消防法律法规的行为，均为火灾隐患。凡存在严重违反消防法律法规的行为，为重大火灾隐患。

（一）火灾的严重危害性

在各种灾害中，火灾是最经常、最普遍地威胁公众安全和社会发展的主要灾害之一。火给人类带来了文明进步、光明和温暖，但是，失去控制的火会给人类造成灾难。人们在用火的同时，不断总结火灾发生的规律，尽可能地减少火灾及其对人类造成的危害。对于火灾，在我国古代，人们就总结出"防为上、救次之、戒为下"的经验。随着社会的不断发展，在社会财富日益增多的同时，导致发生火灾的危险性也在增多，火灾的危害性也越来越大。据统计，我国20世纪70年代火灾年平均损失不到2.5亿元，80年代火灾年平均损失不到3.2亿元，进入90年代，火灾造成的直接财产损失上升到年均十几亿元，年均死亡2000多人。

（二）法律规定个人预防火灾的义务

实践证明，随着社会和经济的发展，消防工作的重要性越来越突出。"预防火灾和减少火灾的危害"是对我国消防法的总体概括，它包括两层含义：一是做好预防火灾的各项工作，防止发生火灾；二是火灾绝对不发生是不可能的，而一旦发生火灾，应当及时、有效地进行扑救，减少火灾的危害。《中华人民共和国消防法》第5条规定：任何单位和个人都有维护消防安全、保护消防设施、预防火灾、报告火警的义务。同时《中华人民共和国刑法》第114条及第115条，对放火及过失引起火灾的法律责任也进行了明确规定，其中故意纵火的最高刑罚是死刑。

案例

2017 年 5 月 15 日晚 8 时 30 分许，天津中医药大学租借的天津大学卫津路校区学生宿舍 35 斋失火，天津市副市长曹小红，市政府副秘书长殷向杰在内的多位领导到现场指挥。起火位置位于宿舍楼的四层，房顶有明火冒出，消防员进入现场进行扑救，当晚 23 时许，火被扑灭，暂无人员伤亡。据天津中医药大学工作人员介绍，尚未发现人员伤亡，学生也在安置中。据现场保安介绍，晚上 8 点多巡逻的时候，火已经起来了，保安值班人员已经将现场封锁，开始组织学生疏散，老楼是砖木结构的，线路比较老化，一旦学生使用大功率的电器，很容易发生火灾。

分析

学校是发生火灾的常见地。在学校宿舍一定要注意千万不能使用大功率用电器，尤其学校还是砖木结构的情况下，更要小心使用电器，提高消防意识，因为这种结构的建筑很容易发生火灾。

二、火势发展过程

火灾的发生、发展就是一个火灾发展蔓延、能量传播的过程。火灾通常都有一个从小到大、逐步发展直至熄灭的过程，即初起阶段、发展阶段、猛烈阶段及下降和熄灭阶段。

初起阶段。一般可燃性物质着火燃烧后，在 15 分钟内，燃烧面积不大，火焰不高，辐射热不强，烟和气体流动缓慢，燃烧速度不快。如房屋建筑的火灾，初起阶段往往局限于室内，火势蔓延范围不大，还没有突破外壳。火灾处于初起阶段时，是扑救的最好时机，只要发现及时，用较少人力和消防器材工具就能将火控制住或扑灭。

发展阶段。由于初起火灾没有及时发现、扑灭，随着燃烧时间延长，温度升高，周围可燃性物质或建筑结构被迅速加热，气体对流增强，燃烧速度加快，燃烧面积迅速扩大，形成燃烧发展阶段。如烟火已经出了门、窗，局部建筑结构被烧穿，建筑物内部充满烟雾，或是突破了外壳。从灭火来看，这是关键性阶段。在燃烧发展阶段，必须投入相当大的力量，采取正确措施，来控制火势发展，以便进一步灭火。

猛烈阶段。如果火灾在发展阶段没有得到控制，由于燃烧时间继续延长，燃烧速度不断加快，燃烧面积迅速扩大，燃烧温度急剧上升，气体对流达到最快速度，辐射热最强，建筑结构承重能力急剧下降。处于猛烈阶段的火灾情况是很复杂的，许多可燃液体和气体火灾的发展阶段没有明显区别。此时不仅必须组织较多灭火力量，还须经过较长时间，才能控制火势、扑灭火灾，而且要相当的力量和消防器材工具保护周围尚未被火势波及的建筑物和物质，以防止火势蔓延。

下降和熄灭阶段。下降和熄灭阶段是火场火势被控制以后，由于灭火剂作用或因燃烧材料已燃烧殆尽，火势逐渐减弱直到火熄灭的过程。

根据火灾发展的阶段性特点，灭火时，必须抓住时机，力争将火灾扑灭在初起阶段。据统计，以往发生的火灾70%以上是初起阶段即由在场群众迅速作出正确反应，积极主动组织自救，合理使用灭火器、灭火剂和采取其他手段，使火势得到控制甚至被扑灭的。

三、校园火灾常见因素

（一）使用明火不慎引起火灾

有的大学生在宿舍熄灯后点蜡烛看书，不小心碰倒蜡烛，引燃周围的可燃物而引起火灾；夏天，有的大学生在宿舍点蚊香熏蚊子，将点燃的蚊香放在床边，不小心引燃周围的物品；有的大学生在宿舍吸烟，烟头随意乱扔，当扔到易燃物品上时，容易引发火灾；有的大学生图省事、方便；在宿舍违章使用煤油炉、酒精炉等做饭，使用不当，极易引起火灾事故；有的大学生在学校的树林草坪吸烟、玩火、野炊等，因树林地下有较多落叶、枯草，冬季草坪枯萎，特别是天气干燥时，一遇火种，极易引发校园火灾。

（二）操作电器不当引起火灾

图4-2　宿舍内的禁用电器

据公安部消防局的统计资料，在全国的火灾事故中，电器火灾约占1/3。从近几年的高校火灾统计数据来看，因电器设备、线路出现故障或使用、操作不当而引起的电器火灾占有较大比例。发生电器火灾，除少数是设备的原因外，大多数是人为因素造成的。学校建筑的供电线路、供电设备，都是按照实际使用情况设计的，有的大学生在宿舍使用大功率电器，如电饭锅、电热杯、"热得快"等，使供电线路过载发热，加速线路老化，容易引起火灾；有的大学生给手机充电时，充电器长时间充电，又被衣被覆盖，散热不良，也会引起燃烧；有的大学生使用电吹风时，宿舍突然停电，电源插头未拔就离开宿舍，来电时又没有回宿舍，电吹风较长时间工作，极易引起火灾；有的大学生使用电暖风或电热毯取暖，使用电熨斗熨衣服等，极易引发火灾；有的大学生安装电器不当，使用操作不当，或者电器产品质量不合格，容易引发火灾。

（三）实验操作不当引发火灾

大学生在实验中用火、用电、用危险物品时，要严格遵守各项安全管理规定、操作规程和有关制度。如果不按操作规程实验，极易引发火灾事故。如实验室内贮有一定量的易燃易爆化学危险品，若使用不当，极易引发火灾；在实验进程中，常用明火进行加热、蒸馏等实验操作，以及使用电热仪时用电量过大等，都可能出现危险；在使用有电感的实验设备时，如果用物品覆盖在散热孔上，使设备聚热，极易导致设备燃烧；实验用火时，周围的可燃物未及时清理，火星儿飞到可燃物上，容易引起燃烧；化学实验时，将相互抵触的化学试剂混在一起，实验温度过高或操作不当，也能引起火灾事故；普通教室课堂上进行的实验和演示，需用火、用电或化学危险品，稍有不注意，也极易引发火灾；实验室内的电器设备没有定期保养维修，电器部件老化，也会引起火灾。

▼ **案例**

2019 年 2 月 27 日 0 时 42 分，南京工业大学丁家桥校区一实验室发生火灾，火势蔓延迅速，整栋大楼都浓烟滚滚，约十辆消防车到达现场，消防员用水枪喷射扑灭明火并降温，1 时 30 分火灾被扑灭。火灾烧毁 3 楼热处理实验室内办公物品，并通过外延通风管道引燃 5 楼楼顶风机及杂物。据了解，起火点可能是实验室或由电路引发。时值凌晨，没有学生或教职工在教学楼内，所幸没有人员伤亡。

▼ **分析**

高校实验室发生爆炸和火灾的新闻，已经屡见不鲜。学校应做好实验室防火工作，尤其在学生进行实验工作前，要对学生进行系统的实验室操作规范训练，尽可能避免在实验过程中发生意外事故。

（四）人为纵火引发火灾

纵火，是指用故意放火焚烧公私财物的方法危害公共安全的犯罪行为，侵犯的是公共安全，即不特定的人身安全和重大公私财物的安全。人为纵火都带有一定的目的性，一般多发生在夜深人静的时候，对校园安全有较大的危害性。有企图毁灭证据、逃避罪责或破坏校园安全等多种形式的刑事犯罪分子纵火，也有抱有目的地烧毁他人财物或危害他人生命的私仇纵火等，这类纵火都是国家严厉打击的犯罪行为。另外，还有精神疾病人员纵火，这类纵火是由于精神疾病人员对自己的行为无法控制而发生的。

四、校园火灾的特点

（一）火灾事故突发，起火原因复杂

学校内部单位点多面广，设备、物资存储较为分散，生产、生活火源多，用电量大，可燃物和易燃物种类繁多，工作人员的管理水平不一。造成起火，有人为的原因，也有自然的作用，任何环节的疏忽，都有可能造成火灾。从时间上看，学校内火灾大都发生在节假日、业余时间和晚间；从地点上看，多发生在实验室、仓库、图书馆、学生宿舍及其他人员往来频繁的公共场所等存在隐患的地方，或生产、后勤部门及其出租场所。这些地方一旦发生火灾，往往具有突发性。其中，学生宿舍内使用大功率用电器而引发的火灾占有相当大的比重。

案例

2015年12月18日上午10点左右，清华大学化学系何添楼231室，共3个房间起火，过火面积80平方米。造成一名实验人员死亡。火灾发生后，楼内师生已及时组织撤离，周围人员也已疏散。另有校内学生称，爆炸声音如雷声一般大，随后冒出明火和浓烟。据目击者描述，爆炸地点位于二楼，紧挨爆炸房间附近几扇窗户玻璃均破碎。火苗和黑色浓烟从窗外窜出，二层窗外一间小阳台脱落，房间内办公用具及玻璃碎片遍布地面。生爆炸的是一间实验室，内部存放有化学品。

分析

化学实验室是校园里最容易发生火灾的地方之一。实验室里存放着大量的易燃易爆物品。大学生在做实验时一定要谨慎，切不可大意，要按照实验室操作的规范进行相关作业，离开实验室时，要确保实验物品都已收拾妥当后再走。

（二）火灾容易造成巨大的财产损失

高校教学、科研、实验仪器设备多，动植物标本、中外文图书资料多，一旦

发生火灾，损失惨重。精密、贵重的仪器设备，往往是国家筹集资金购置的，发生火灾造成损失后，很难立即补充，既有较大的有形资产损失，直接影响教学、科研与实验的正常进行；又有无形资产损失，珍贵的标本、图书资料是一个学校深厚文化积淀的重要标志，需经过几十年、上百年的积累和保存，因火灾造成损失，则不可复得。

（三）高层建筑增多，给火灾预防和扑救工作带来巨大困难

高校因扩招、开办各类成人高等教育，以及高校之间教学、科研的竞争，使各个学校的建设规模都在不同程度迅速扩大。校内高层建筑增多，形成火灾难防、难救，人员难于疏散的新特点，有的高层建筑还存在消防设备滞后、消防投资不足等弊端，这些都给消防安全管理工作带来了一定难度。而且有些学校的老式建筑以易燃的木质结构为主，已经不符合现代消防安全技术规范，发生火灾时火势极易蔓延扩散。

（四）人员集中，疏散困难，火灾往往造成人员伤亡，社会影响极大

高校人口密度大，集中居住的宿舍公寓多，宿舍公寓内违章生活用电、用火较多，吸烟现象普遍。因用电、用火不慎而发生火灾后，火势得不到控制会很快蔓延，在人员密度大影响顺利疏散逃生的情况下，难免造成人身伤亡。学校是社会稳定的晴雨表，是各类信息的集散地，一旦发生火灾，会迅速传遍社会，特别是出现人身伤亡时，会造成极为严重的社会影响。

图 4-3 烧毁的大学生宿舍

案例

2015 年 1 月 21 日凌晨 3 时 13 分许，闽南某大学学生公寓 5A 号楼 202 宿舍起火。接到报警后，萝城大队桥南中队和金峰中队立即出动 5 部消防车和 18 名消防官兵赶赴现场。经过 20 分钟的奋战，大火被成功扑灭，其间，消防官兵共疏散学生 1000 余人，火灾未造成人员伤亡。

分析

大学校园是人口密集区，一旦发生火灾就会造成重大影响。哪怕是小小的火灾也会引起很多人的恐慌，需要做大量工作来疏散受困大学生，这其中很容易引发其他事故。

阅读延伸

学生宿舍消防安全警示

第二节 预防火灾与灭火的方法

我国消防工作的方针是"预防为主，防消结合"，把同火灾作斗争的两个基本手段——预防火灾和扑救火灾结合起来。在消防工作中，要把火灾预防放在首位，积极贯彻落实各项防火措施，防止火灾的发生。

一、校园火灾的预防

大学校园是消防安全重点单位之一，学校一旦发生火灾，不但影响正常的教学、科研秩序，还会造成重大的社会影响。因此，大学生必须掌握一定的消防知识，树立消防意识，遵守消防条例，杜绝违规行为，养成良好的防火习惯，用自己掌握的消防知识保护自己和他人，最大限度地防止和减少火灾的发生。

（一）增强消防安全意识

大学生消防知识的贫乏及消防安全意识的淡薄，往往导致校园火灾的发生。纵观近十年来的校园火灾，绝大多数是因为大学生违规使用电器以及随意使用明火导致的。只有提高防火安全意识，才会时刻留意身边的火患；控制一切火源，才会把预防火灾放在首位；时刻保持高度警惕，才会主动学习消防知识，掌握防范措施，控制火灾事故的发生。

（二）遵守学校防火制度

图4-4 校园消防演习

近年来，越来越多的高校意识到校园防火的重要性和艰巨性。为了保障学校师生生命财产的安全，各学校都制定了有关防火安全的管理规定。学校在加强宣传教育、明确职责、定期检查的同时，对广大师生也提出了相关规定和要求，以硬性的制度防范火灾的发生。绝大多数大学生均能遵守规范，但仍有极少数大学生因为缺乏认识，常常违规而行，导致火灾发生。为此，大学生要从中吸取教训，自觉遵守校规校纪，同时积极监督、制止他人危险用电行为。

（三）重点预防学生宿舍火灾

大学生宿舍是人群高密度居住区，是高校的重点防火部位之一。为了杜绝大学生宿舍内火灾事故的发生，要做到"十戒"：一戒私自乱拉电源线路，避免电线穿行于可燃物中间；二戒使用电热器具；三戒使用大功率电器；四戒使用电器无人看管，必须人走断电；五戒明火照明、电器照明或用可燃物做灯罩；六戒床上吸烟，室内乱扔烟头，乱丢火种；七戒室内燃烧杂物，燃放烟花爆竹；八戒室内存放易燃易爆物品；九戒室内做饭；十戒使用假冒伪劣及质量不合格的电器。

案 例

2009年12月7日，成都西区某高校学生公寓1幢325房间发生了一起学生乱接电线、使用违规电器导致火灾的案件。该日，此房间的吴某和聂某午饭后将1个暖风机和2个电烤炉连接在私拉的电线上取暖，吴某将暖风机放置在写字台旁边。下午上课时，2人未关闭暖风机离开宿舍。几个小时后，暖风机因温度过高引燃了写字台周围的可燃物，导致火灾发生，所幸公寓管理员发现及时，处置得当，避免了火灾扩大蔓延。

分 析

宿舍是校园火灾预防的重点区域。为了保证用电安全，防止乱拉电线，大学生使用电器时要严格遵守相关规定，用电要申请报装，线路设备装好后要经过检验合格才可通电，临时线路要严格控制，专人负责管理，用后拆除，采用合格的线路器材和用电设备。

（四）正确识别消防标志

国内外实践应用表明，在疏散走廊和主要疏散路线的地面上或靠近地面的墙上设置发光疏散指示标志，对安全疏散能起到很好的作用，可以更有效地帮助人们在浓烟弥漫的情况下，及时识别疏散位置和方向，迅速沿发光疏散指示标志顺利疏散。常用的消防安全标志有安全出口指示标志、禁止标志和警告标志。

图4-5 识记常见的消防安全标志

二、校园火灾的扑救

人类经过长期的灭火实践发现了火的奥秘，物质燃烧必须同时具备三个必要条件，火才能烧起来，即可燃物，如木材、纸张等能够燃烧的物质；氧化剂，如空气（氧）等能够帮助燃烧的物质；能够着火的温度（引火源）。当去掉其中一个或几个条件时，火就熄灭了。因此，根据上述三个必要条件，一切灭火措施都是为了破坏已经形成的燃烧条件，或终止燃烧的连锁反应而使火熄灭以及把火势控制在一定范围内，最大限度地减少火灾损失。

（一）隔绝空气灭火法

隔绝空气灭火法是使燃烧物隔绝空气，因缺氧而熄灭的方法。如当点燃的蜡烛烧燃了课桌上的纸张、书本等时，不能挥舞拍打，用一条湿润的毛巾覆盖在上面，火就能熄灭；食堂炒菜时，油锅内的油起火，盖上锅盖，就可使火熄灭；电器、煤气着火应立即切断电源、煤气来源，然后采用干粉灭火器等灭火，电器切勿浇水灭火。使用二氧化碳灭火也是据此原理，二氧化碳比空气重，本身不燃烧也不支持燃烧，可覆盖在可燃物上隔绝空气，使火熄灭。对于赤磷、硫黄、电石、镁粉等化学易燃物的燃烧，常用干粉、干沙、干土灭火。

（二）冷却降温灭火法

冷却降温灭火法是把水、干冰等直接喷洒在燃烧物上，水、干冰汽化吸收热量降温，且形成水汽、二氧化碳隔绝空气而灭火的方法。一般来说，水是很好的灭火剂，但对于某些物品的失火则不能用水扑救，只能使用专门的灭火器材和设备。如金属钠、钾、钙、碳化钙等遇水会发生化学反应，产生氢气和热量，引起剧烈燃烧或爆炸；轻于水的油类等物质着火，用水扑救反而会扩大燃烧范围；高压电器设备未断电时，若用水扑救，可能引起导电；其他如精密仪器、高温生产装置失火等都不宜用水扑救；储备有浓硫酸、浓硝酸等物品的仓库失火也不宜用水扑救。

（三）可燃物隔离灭火法

可燃物隔离灭火法是通过把燃烧火源与周围可燃物分离开来达到灭火目的的方法。如森林灭火，常常开辟隔离带，使火势不再蔓延而得以控制；把失火处附近的液化气罐和其他可燃物移开，或把不大不重的着火物移至空旷处等，这些都是有效的办法。

（四）化学抑制灭火法

所有的物质燃烧都是通过化学反应进行的，是通过燃烧链的形式不断地发展下去的，同理，切断燃烧的化学链也可以达到灭火的目的。常见的化学抑制灭火法就是使用干粉灭火器灭火。

阅读延伸

常见的四种灭火方法

三、消防工具使用方法

（一）防火警报器

很多学校都会在火灾高发区安装防火报警器，但是，没有火灾险情的时候千万不能乱碰，一旦导致防火报警器误报火警，不但会影响校园秩序，还会导致消防系统出现损失。不同的防火报警器使用方法不同，目前比较常用的是手动报警器和烟感报警器两类。

1. 手动报警器

一般情况下手动报警器的使用高度在 1.45 米左右。手动报警器在安装使用状态下，按下报警按钮 3—5 秒，报警按钮上的火警确认灯会亮，控制室就会接收到信息反应。如果控制室无火灾信息反馈的情况下，证明报警器出现故障或线路故障，这时要找专业人员检查。此时应立即检查火灾报警原因以确定下一步行动，火灾解除后需要复位报警器主机，先进行消音处理，复位对应的手动火灾报警器。

2. 烟感报警器

出现火灾险情之后，烟雾浓度过大，很容易触发烟感报警器报警装置，出现刺耳的报警声。同时，报警消防值班室火灾报警主机报警，主机面板"火警"指示灯亮起，同时声光报警器发出报警。

图 4-6 室内消火栓

（二）消火栓

消火栓，又叫消防栓，是一种固定式消防设施，主要作用是控制可燃物、隔绝助燃物、消除着火源。消火栓分室内消火栓和室外消火栓两种。使用消火栓时，一般需要两人以上。首先打开消火栓门，按下内部火警按钮，一人接好枪头和水带奔向起火点，另一人接好水带和阀门口，逆时针打开阀门水喷出即可。

（三）清水灭火器

清水灭火器中充满清洁的水，为了提高灭火性能，在清水中加入适量添加剂，如抗冻剂、润湿剂、增黏剂等。国产的清水灭火器采用储气瓶加压方式，加压气体为液体二氧化碳。清水灭火器通过冷却作用灭火，主要用于扑救固体火灾，即 A 类火灾，如木材、纸张、棉麻、织物等引起的初起火灾。

灭火时，将灭火器提到距火源适当距离后，拔出保险销，一手握喷嘴对准燃烧物，另一手握住提把，用力压下压把，对准火源根部进行灭火。室外使用应站在上风向，不能将灭火器颠倒或横卧。

（四）干粉灭火器

干粉灭火器充装的是干粉灭火剂。干粉灭火剂一般分为 BC 干粉灭火剂（碳酸氢钠等）和 ABC 干粉灭火剂（磷酸铵盐等）两大类。手提式干粉灭火器适用于易燃、可燃液体、气体及带电设备的初起火灾以及固体类物质的初起火灾，但不能扑救金属燃烧火灾。

图 4-7　干粉灭火器

灭火时，将灭火器提到距火源适当距离后，前后颠倒几次，使桶内的干粉松动。如在室外，应选择在上风方向喷射。手握喷嘴对准着火点，压下手柄，侧身对准火源根部由近及远扫射灭火。喷射软管的灭火器或储压式灭火器在使用时，一手应始终压下压把，不能放开，否则会中断喷射。

案例

2016 年 6 月 2 日 19 时，广州某学院全校因电力瘫痪停电，紧急抢修后 22 时许恢复供电，但大家又开了空调、灯等设备，导致功率过大，女生宿舍三栋五楼楼梯间热饮水设备起火。有两名女生拿起楼道里的灭火器顺利扑灭了明火，化解了一次险情。

分析

灭火器是校园灭火的必备器材，但是很多大学生却不知道学校哪些地方需要配备灭火器，也不知道灭火器该怎么使用。在平时的消防安全教育中，大学生要熟知灭火器的使用方法和摆放位置，以备紧急情况下准确找到灭火器并正确使用。

（五）泡沫灭火器

泡沫灭火器充装的是水和泡沫灭火剂，可分为化学泡沫灭火器和空气泡沫灭火器。泡沫灭火器主要用于扑救 B 类火灾，如汽油、煤油、柴油、苯、甲苯、二甲苯、植物油、动物油脂等的初起火灾；也可用于扑救 A 类火灾的初起火灾。抗溶泡沫灭火器还可以扑救水溶性易燃、可燃液体火灾。但是，泡沫灭火器不适用于 C 类火灾（气体火灾）、D 类火灾（带电火灾）和 E 类火灾（金属火灾）。

化学泡沫灭火器使用前应颠倒过来呈垂直状态，用力上下晃动几下，手握喷嘴对准着火点，压下手柄，侧身对准火源根部由近及远扫射灭火。空气泡沫灭火器在使用时应当是直立状态，不可颠倒或横卧使用，否则会中断喷射；也不能松开压把，否则也会中断喷射。

（六）二氧化碳灭火器

二氧化碳灭火器充装的是二氧化碳灭火剂。二氧化碳灭火器灭火时不会因留下任何痕迹使物品损坏，同时，它不导电的性质也运用于扑救带电的低压电器设备，因此可以用来扑灭书籍、档案、贵重设备和精密仪器等燃烧引起的火灾，但不可用于扑救钾、钠、镁、铝等物质火灾。

灭火时，手握喷嘴对准着火点，压下手柄，一只手握住喇叭筒根部的手柄，另一只手紧握启闭阀的压把，侧身对准火源根部由近及远扫射灭火。使用时要注意，不能直接用手抓住喇叭筒外壁或金属连线管，防止手被冻伤。

阅读延伸

正确使用灭火器

第三节 火场自救与逃生

一场火灾降临，能否成为幸存者，固然与火势的大小、起火时间、楼层高度和建筑物内有无报警、排烟、灭火设施等因素有关，然而主要还是与被困者的自救能力以及是否懂得逃生的步骤和方法等因素有关。在实施自救行动之前，一定要强制自己保持头脑冷静，根据周围和各种自然条件，选择自救方式。

一、正确、及时地报警

正确、及时地报警是人们在同火灾作斗争中总结出来的一条宝贵经验。由于火灾发展很快，当发现初起火灾时，在积极组织扑救的同时，要尽快用火警报警装置、电话等向公安消防部队报警。《中华人民共和国消防法》第44条规定："任何人发现火灾都应当立即报警。任何单位、个人都应当无偿为报警提供便利，不得阻拦报警。严禁谎报火警。"

火灾发生时，一般拨打全国统一号码"119"，也可拨打"110"，公安系统会向消防系统转警。设有报警设施的，应击碎其外保护层报警。报警时要讲清楚火灾地址、起火部位、着火物资、火势大小、是否有人被困等情况以及报警人的姓名和电话等。报警后要安排人员到交叉路口等候消防车，并维持路口到起火点的道路畅通。遇有火灾时，不要围观。有的大学生出于好奇，喜欢围观消防车，这既有碍于消防人员的工作，也不利于自身的安全。不能随意拨打火警电话，更不能假报火警。

二、发生火灾时的人员疏散

由于疏忽大意，火灾随时可能发生，特别是人员集中的场所发生火灾，往往造成重大的人员伤亡。所以当人员集中的场所发生火灾，特别是在初起阶段，应采取有效的疏散措施，以减少人员伤亡。

（一）做好组织疏散工作

一旦发生火灾应按计划组织疏散。火场上受火势威胁的人员，必须服从工作人员和公安消防部队指挥员的指挥，从火场有组织、有秩序地疏散。在人员集中的场所发生火灾时，为帮助受火势威胁的人员有秩序地脱离险区，必须有组织地进行疏散，才能避免混乱，减少人员伤亡。在平时，有关单位应和消防部门共同研究、制订抢救疏散方案，提出在火灾情况下稳定人员情绪的措施，规定疏散路线和疏散出口，

图 4-8　听从工作人员指挥

并画出疏散人员示意图，对工作人员应按不同区域分配任务和提出要求。

（二）正确通报，防止混乱

火灾初起阶段，在人们还不知道发生火灾，且人员多、疏散条件差、火势发展比较缓慢的情况下，有关单位的领导和工作人员，应首先通知处于出口附近或最不利区域人员，让他们先疏散出去，然后视情况公开通报其他人员疏散；在火势猛烈并且疏散条件较好时，可同时公开通报，让人员疏散。在火场上，具体怎样通报，可根据具体情况确定，但必须保证迅速简便，使各种疏散通道得到及时充分利用，防止发生混乱。

（三）疏散引导

人员集中的场所发生火灾时，人们在急于逃生的心理作用下，起火后可能一

起拥向有明显标志的出口，造成拥堵混乱。此时，应由专业人员通过广播或高音喇叭为人们指明各种疏散通道，同时要以镇定的语气不断呼喊，劝说人们消除恐慌心理，有条不紊地安全疏散。

案例

2018年12月27日凌晨，澳门某超市一冰箱机件故障导致起火，现场设有自动洒水系统，但火灾发生时没有启动。消防员接报到场迅速将火扑灭。火灾期间共约30名顾客自行疏散，其中一人吸入浓烟不适送医，超市员工也及时离开，无人员伤亡。

分析

在人员较多的公共场所，可燃物较多，一旦失火，火势蔓延迅速，逃离比较困难，因此必须注意防范。在平时生活中，要对出入的人群密集区域多加留心，观察各个安全出口的位置，才能在火灾发生时保持冷静，找到正确的路线逃生。

三、火场逃生注意事项

（一）保持镇静，辨明方向

突遇火灾时，面对浓烟和烈火，首先要强令自己保持镇静，迅速判断危险地点和安全地点，决定逃生的办法，尽快撤离险地。一旦发生火灾，人们总是习惯沿着进来的出入口和楼道进行逃生，当发现此路被封死时，已失去最佳逃生时间。因此，当进入一个陌生的建筑时，一定要对其周围的环境和出入口进行必要的了解与熟悉，千万不要盲目地跟从人流、相互拥挤、乱冲乱窜。撤离时要注意，朝明亮处或外面空旷地跑，要尽量往楼层下面跑，若通道已被烟火封阻，则应背向烟火方向离开，通过阳台、气窗、天台等往室外逃生。

（二）不入险地，不贪财物

在火场中，人的生命是最重要的。身处险境，应尽快撤离，不要因害羞或顾及贵重物品，而把宝贵的逃生时间浪费在穿衣或寻找、搬离贵重物品上。已经逃离险境的人员，切莫重返险地，再陷危局。

（三）简易防护，掩鼻匍匐

逃生时经过充满烟雾的路线时，要防止烟雾中毒、预防窒息。为了防止火场浓烟呛入，可采用毛巾、口罩蒙鼻和匍匐撤离的办法。烟气较空气轻而飘于上部，贴近地面撤离是滤去毒气、避免烟气吸入的最佳方法。穿过烟火封锁区，应戴防毒面具、头盔，或穿着阻燃隔热服等护具，如果没有这些护具，可向头部、身上浇冷水或用湿毛巾、湿棉被、湿毯子等将头和身体裹好，再冲出去。

图 4-9　蒙好口鼻，匍匐前进

（四）善用通道，莫入电梯

规范标准的建筑物，都会有两条以上的逃生楼梯、通道或安全出口。发生火灾时，要根据情况选择进入相对较为安全的楼梯通道。除可利用楼梯外，还可利用建筑物的阳台、窗台、屋顶等攀到周围的安全地点；沿着下水管、避雷线等建筑上的凸出物，也可滑下楼脱险。千万要切记，高层楼着火时，不要乘坐普通电梯。

（五）争取时间，等待救援

当各种逃生之路均被切断时，则应退回居室内，采取防烟、堵火措施，关闭门窗，并向门窗上浇水，以延缓火势蔓延的时间。要用多层湿毛巾捂住口鼻做好个人防护，争取时间等待外界尽快来救援。

案例

2013 年 2 月 23 日凌晨，浙江温岭市泽国镇三间民房发生火灾，事故造成 8 人死亡、17 人获救。遇难者 6 成年人 1 婴儿 1 幼童。遇难者因为错误的逃生方法，倒在了逃生路上。而获救的人当中有人因懂逃生技巧，和自己家人一起成功逃生。消防员表示，如果 8 位遇难者都能掌握熟练的逃生技巧，本可以存活下来的。8 位死亡的居民遗体，有 6 具是在楼道搜救到的，另外 2 具在室内发现，其中 1 个门房敞开，还 1 个倒在靠门的位置。

分析

掌握火场逃生的技巧，是火场自救的关键。很多人丧命于火场就是因为不懂如何逃生。大学生一定要认真学习逃生技巧，才能在遇到险情时，临危不乱，成功逃生。

（六）传送信号，寻求援助

被烟火围困时，尽量待在阳台、窗口等易于被人发现和能避免烟火近身的地方。在白天可向窗外晃动鲜艳的衣物等，在晚上可用手电筒不停地在窗口闪动或敲击东西，及时发出有效的求救信号。在被烟气窒息失去自救能力前，应努力滚到墙边或门边，既便于消防人员寻找、营救，也可防止房屋塌落时被砸伤。

（七）谨慎选择跳楼求生

图4-10　结绳逃生，谨慎跳楼

在没有任何退路，非跳楼即烧死的情况下，只能采取跳楼的方法。跳楼也要讲技巧，应尽量往救生气垫中部跳或选择有水池、软雨篷、草地等方向跳；如有可能，要尽量抱些棉被、沙发垫等松软物品或打开大雨伞跳下，以减缓冲击力；如徒手跳楼一定要扒窗台或阳台使身体自然下垂跳下，以尽量减少垂直距离，落地前要双手抱紧头部，身体弯曲蜷成一团，以减少伤害。无论如何，跳楼都会对身体造成伤害，要慎之又慎。

案例

2018年12月2日，昆明市某街道新农村居民小组84号发生一起火灾，火灾扑灭后，经现场清理，火灾直接造成5人遇难，在自救逃生过程中，另有3人坠楼身亡，3人受伤。

分析

高层住宅一旦失火，住在楼上的人容易被火围困。因此，住楼房的人，不仅平时要做好防火安全工作，还要懂得一旦失火应怎样自救。万一发生火灾，应一边用湿毛巾掩住口鼻，防止吸入有毒气体，一边用简易的方法灭火，同时关闭门窗，到阳台上及时呼救，或者迅速从楼梯逃生。如果楼梯被烧断，千万不能盲目跳楼，应一边呼喊等人施救，一边顺窗边的下水管道往下爬，还可以用结实的绳索或撕开的床单接好后，牢固地系在阳台栏杆上，手拉绳索慢慢滑下。

校园消防安全逃生演练

通过疏散演练，增强大学生的消防安全意识，进一步提高自护、自救抵御灾害事故的能力，确保校园内人身安全和财产安全，保证在紧急情况下及时疏散，顺利逃生，为建设和谐校园提供良好的安全环境。

一、演练原则

坚决做到：安全第一，确保有序，责任明确，落实细节。

二、逃生演练准备

（1）对大学生进行演练的安全教育工作，把一些要注意的地方需要反复宣讲，确保演练安全、万无一失。

（2）各班能学会迅速组编成两队，从前门出，为了提高撤离的速度，最好边撤离边组队，形成一个动态组队、撤离的局面。在逃生过程中，学生应该学会弯腰大步行走，不得冲跑，同时用棉布、手帕或衣袖等捂住口鼻。

（3）各班要熟悉撤离的路线，各位老师明确其职责。各楼层的保护引导人员在楼梯口、转弯口等要指挥学生安全撤离，确保队伍的安全。

三、正式逃生演练

由活动总指导人员宣布："火灾逃生演练开始"。火警报警声在校园上空响起，校领导得知信息后，立即启动消防安全紧急预案，一方面发播紧急求援疏散命令，另一方面拨打119报警，同时向上级部门报告情况。

（1）一分钟长铃响起后，学生在撤离，广播发出火警报告：模拟拨打"119"火警电话。当学生听到警报声后，各班立即从前后门形成一定的动态队伍，当班级有了一定的队伍后，在前面的班级立即进行撤离。

（2）广播告诫学生。广告播出的内容为："各位老师同学，我校教室发生火灾，请大家不要恐慌，不要拥挤，一定要在班主任老师的统一带领下，用自备的毛巾或棉布，有序逃生到安全地点，消防人员马上来救你们。请大家不要慌张，听从各班班主任老师的指挥下，有秩序地进行疏散，注意用湿毛巾或手帕捂住口鼻，弯着腰撤离火灾现场……"

（3）听到警报铃声，其他老师迅速到达各自岗位。班主任和任课老师在第一时间内到达教室内。期间要及时关闭电源开关，指挥和组织学生迅速从教室撤离，并按照预定的疏散线路疏散。

（4）在防火疏散演练中，以首先保护学生安全为前提，保证学生全部疏散后再撤退。

（5）各人员指引学生及时正确地逃离"火场"。

（6）各班班主任再次清点本班学生人数。

四、逃生演练结束

（1）现场指挥报告：报告总指挥，全校××人现已安全脱险，无人员受到伤害。

（2）计时员向现场指挥报告：报告总指挥，用时××分，全体人员疏散完毕。

（3）宣传小组向现场指挥报告：现场秩序井然，同学情绪稳定。

（4）总指挥："事故已经排除，险情已经结束，下面我宣布紧急疏散演练圆满结束，学校恢复正常秩序。"疏散演习准备

安全问答

消防安全知识测试题

第五章　交通事故猛于虎，道路安全需谨记——交通出行安全

随着社会的发展，我国汽车保有量不断增加，这让人们享受到了交通工具为出行带来的便利，但也不得不面对与日俱增的交通事故。如今高校不断扩招，校园内人流量、车流量急剧增加，道路建设和交通管理滞后于高校的发展，交叉路口没有信号灯管制，也没有专职交通管理人员管理，从而导致交通事故频发。所以，大学生懂得交通安全、遵守交通规则是最基本的要求。

第一节　校园交通安全常识

　　大学生交通安全，是指大学生在校园内和校园外的道路行走、乘坐交通工具时的人身安全。只要有行人、车辆、道路这三个交通安全要素存在，就有交通安全问题。大学生在预防交通事故时，最重要的是严格遵守《中华人民共和国道路交通安全法》，不断提高自我防护能力，切实做好交通事故的防范工作。

一、交通安全规则

　　交通信号灯与道路交通标志作为交通法规的重要组成部分，在道路交通管理中具有重要地位，被人们称为永不下岗的"交通警察"。认识并熟悉交通信号灯与道路交通标志，遵守交通规则，规范交通行为，才能避免安全隐患和交通事故的发生。

（一）行人、车辆靠右行

　　行人或车辆靠道路右侧行走或行驶是在法律法规的范围内，必须遵守的原则。这个原则源自行人和车辆在同一道路内往同一方向行进，可以保证交通流向的一致性，能有效地减少和避免行人或车辆之间发生相撞的现象。我国很早就有靠右行驶的习惯，所以一直沿用靠右行的规则。

（二）交通信号灯

1. 指挥灯

　　（1）绿灯亮时，准许车辆、行人通过，但拐弯的车辆要避让直行的车辆和被放行的行人通过。

　　（2）黄灯亮时，禁止车辆、行人通行，但已越过停车线的车辆和已进入人行横道的行人可以继续通行，但要确保安全。

　　（3）红灯亮时，不准车辆、行人通行。

　　（4）黄灯闪烁时，车辆、行人须在确保安全的原则下通行。

2. 人行横道灯

　　（1）绿灯亮时，准许行人通过人行横道。

　　（2）黄灯亮时，不准行人进入人行横道，但已进入人行横道的，可以继续通行，但要确保安全。

　　（3）红灯亮时，不准行人进入人行横道。

（三）道路交通标志

道路交通标志是用图形符号、颜色和文字向交通参与者传递特定信息，用于管理交通的设施。道路交通标志分为主标志和辅助标志两大类，主标志又可以分为以下四大类。

1.警告标志

警告标志是警告车辆和行人注意危险地点的标志。其颜色为黄底、黑边、黑图案，形状为等边三角形。

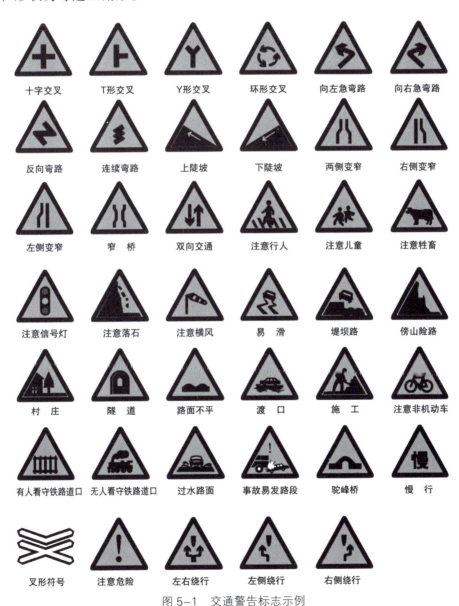

图 5-1　交通警告标志示例

2. 禁令标志

禁令标志是禁止或限制车辆、行人交通行为的标志。其颜色通常为白底、红圈、红斜杠和黑图案,其中,"禁止驶入"为红底、白横杠;"禁止车辆停放标志"为蓝底、红圈、红斜杠。其形状通常为圆形,个别为八角形或顶点向下的等边三角形。

图 5-2 交通禁令标志示例

3. 指示标志

指示标志是指示车辆、行人行进的标志。其颜色为蓝底、白图案，形状为圆形、正方形或长方形。

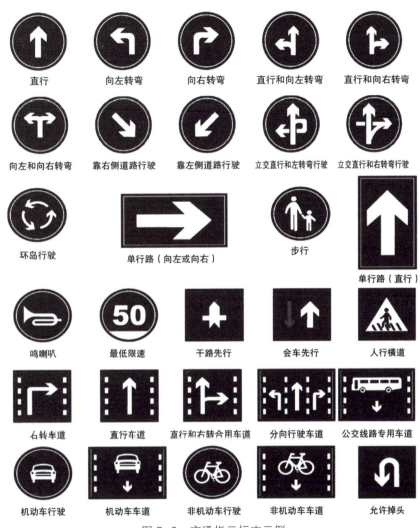

图 5-3　交通指示标志示例

4. 指路标志

指路标志是传递道路方向、地点和距离信息的标志。其形状除地点识别标志、里程碑、分合流标志外，均为长方形或正方形，颜色为蓝底、白图案，高速公路标志为绿底、白图案。

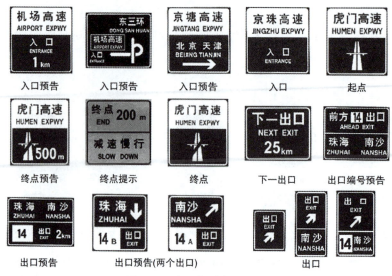

图5-4 交通指路标志示例

阅读延伸

交通设施与交通标志

二、校园交通事故因素

校内交通虽然不如校外那样拥挤，但是随着高校的发展和师生拥有车辆数量不断增加，校内车流量不均衡，时间相对集中，无专职交通管理人员，再加上校内道路四通八达，汽车、摩托车、三轮车、自行车来回在校园穿梭等，只要稍有疏忽，造成重大人员伤亡的交通事故就会在校园内发生。近年来，高校学生非正常死亡人数中，因交通事故死亡占有相当大的比例。

（一）注意力不集中，缺乏安全意识

校园内易发生交通事故的主要原因是大学生思想麻痹和安全意识淡薄。很多大学生觉得校内骑车和行走肯定比校外安全，所以没有警惕意识。有的大学生在边走路时边听歌，而且喜欢把声音开得很大，自己一个人沉浸在音乐的世界中，而完全忽略了现实世界，结果在过马路时因为听不到汽车的鸣笛声而酿成车祸。还有的大学生喜欢一边走路，一边打电话或发信息，在过马路时没有留心来往车辆，从而发生交通事故。

案例

2013年6月5日中午12时许，南京某大学竹园餐厅附近，该校校车把一个穿白色衣服的男生撞倒。该男生从茶苑方向往篮球场方向走，头戴耳机，看着手机，没有注意到身边的情况，校车车速也偏快。事故中校车挡风玻璃被撞凹陷并大面积裂开，男生右手和胳膊擦伤严重，手机被撞出摔碎。

分析

大学生安全意识淡薄的表现之一就是在行走时做其他事情。公路上路况复杂、车来车往，在路上戴耳机听音乐或者视频，阻断了外界对行人的警示，就很容易发生交通事故。大学生不要边走边听音乐，应专心注视道路交通情况，才能避免交通事故的发生。

（二）在道路上进行体育活动

多数大学生喜欢体育活动，经常锻炼身体以增强体质，但其中却有少数大学生不顾交通安全，在人来车往的道路上踢足球、玩篮球、打羽毛球、嬉戏打闹等。由于在运动过程中，人的精力全部集中在自身活动上，对身边环境缺乏关注，遇到来车时往往因躲闪不及而发生交通事故。

案例

2010年5月，某高校两名男同学在操场踢完足球后，在回寝室的路上余兴未尽，相互边跑边传球，此时身后正好驶来一辆两轮摩托车，驾驶员躲闪不及，撞上其中一人，致其右小腿骨折。

分析

大学生精力旺盛、活泼好动，即使在路上行走也是蹦蹦跳跳、嬉戏打闹，甚至有时还在路上进行球类活动，更是增加了发生交通事故的危险。

（三）快速骑自行车引发交通事故

一般高校校园面积都比较大，宿舍与教室、图书馆等公共场所之间的距离比较远，所以许多大学生购买了自行车，课间或下课时骑自行车在人群中穿行。但有些大学生喜欢骑快车、骑"飞车"，有时甚至与机动车比速度。除此之外，骑车带人、冲坡，甚至不握手把的现象也很常见。这些都是交通安全的严重隐患，在以往的校园交通事故中，此类事故是最为常见的。

阅读延伸

校园监控探头记录各种交通事故

三、校园外常见的交通事故

（一）行走或骑非机动车时发生交通事故

大学生余暇时购物、观光、访友要到市区活动，这些地方车流量大、行人多，各种交通标志眼花缭乱，与校园相比交通状况更加复杂，若缺乏通行经验则发生交通事故的概率很高。

案例

某重点大学男生丁某，周末与几个同学上街。街上车辆川流不息，行人熙熙攘攘，不一会儿丁某与同学掉了队。正当他着急四处张望时，同学在马路对面大声叫他的名字，他便慌忙朝马路对面跑过去。此时，一辆大卡车正飞驰而来，将他撞倒并从他身上碾压过去，丁某横穿马路付出了生命的代价。

分析

不管是在校内还是在校外行走，每天都会遇到很多机动车辆。如果违反交通规则，或者机动车驾驶员违章驾驶，都可能发生严重的撞伤、撞死事故。所以，大学生在过马路时，一定要走人行道，严格按指示灯或现场交替的指挥通行。

阅读延伸

行人安全须知

（二）乘坐交通工具时发生交通事故

大学生离校、返校、外出旅游、社会实践、寻找工作等都要乘坐各种长途或短途交通工具。全国各地高校大学生因乘坐交通工具发生交通事故的情况时有报道，有时甚至造成群体性伤亡，教训十分惨重。造成大学生群死、群伤的交通事故，大多发生在外出游玩时。

案例

2017 年 12 月，一辆中型客车为躲避前方撞到高速路中心护板的轿车，发生侧滑驶入公路右侧沟内。车中载有 12 人，5 人当场死亡，其中 1 人为驾驶人、4 人为北京林业大学学生；7 人不同程度受伤，其中 5 人为北京林业大学学生，另两人分别为湖南农业大学和辽宁工程技术大学学生。据了解，这几名大学生是通过一旅游网站与司机取得联系，约车到雪乡旅游的。这起事故的原因竟是"两车追逐竞驶"，而且搭载大学生的车还是非营运车辆，也就是黑车。

分析

大学生出去游玩，一定要谨慎叫车，不要随便约黑车，一旦出事，后悔都来不及。上车时要记住车牌号，女生不要坐在副驾驶的位置，提高防范意识。大学生自己驾车时也要注意，开车时不要互相追逐，容易造成交通事故。

（三）驾驶车辆时发生交通事故

在校大学生考取驾驶证的越来越多，由于各种原因，大学生驾车时发生交通事故也呈现出上升趋势。有的同学驾车时间短、经验少，遇到紧急情况时，缺乏处理经验，手忙脚乱，易发生交通事故；有的同学违章驾驶车辆，如醉酒后驾车、驾车时闯红灯等发生交通事故，造成人员伤亡。

案例

小李、小陈是某校大学生。2012 年 2 月开学返校时，小李在某汽车租赁公司租了一辆小轿车，并开车去火车站接小陈返校。小李在火车站接到小陈后，又开车驶向广东方向，计划去深圳游玩。当车经过云浮市某段高速公路时，突然发生追尾起火的严重交通事故，小李和小陈不幸身亡。学校老师从汽车租赁公司得到事故消息后，立即与学生家长和交警联系。经了解，小李从汽车租赁公司租车上路时，仅领取驾驶证一年半时间，并且其在校期间基本未开过车，驾驶技术尚未熟练就开车上了高速公路。

分析

两名年轻学生的死亡非常令人遗憾，大学生必须提高对交通安全重要性的认识，熟悉我国的交通法规，自觉遵守交通规则，保障自己和他人的出行安全。学习交通知识不仅是为了自己、为了他人，更是为了家庭、为了社会、为了国家，切不可因缺乏交通安全知识而留下终身遗憾。

第二节 交通事故的预防和处理

交通包括天上飞行的航空运输、水上的船舶运输、铁路上的铁路运输、公路上的道路运输等。预防交通事故最好的办法是提高交通安全意识，在不同的交通状态下遵守相应的交通规则。万一发生交通事故，正确、及时地处理，可以降低事故的伤害。

一、遵守交通规则

交通事故的发生，必然给大学生的生命财产带来无法弥补的损失。避免和减少交通事故的发生，关键在于提高安全意识，遵守交通规则，这对每一个大学生都具有十分重要的现实意义。

（一）行人安全

图5-5 行人翻越护栏危险多

步行是人们最基本的、比较自由安全的一种出行方式，但决不能因此而麻痹大意，忽视它不安全的一面。要注意遵守行走规则，不能抢道、抢行，以免发生危险；不要翻越道路中央的安全护栏和隔离栏；不要横穿马路，即使马路对面有熟悉的人呼唤也不可贸然行事，要走人行道、斑马线、地下通道和天桥；遇到无人行专道或信号装置的地段时，要做到"一站、二看、三通过"，千万不要只看到一边无车便贸然横冲。多人步行时，不要打闹、拉扯或勾肩搭背，在人多拥挤的地方不宜久留。不要好奇围观突发的争吵。

对一些标有"禁止通行""危险"字样的地域，不要漫不经心，而要做到行其所应行、止其所当止。夜行时最好备手电筒用以照明。另外，徒步行走经常发生的事故是跌伤与扭伤，冬季路上经常有冰雪，所以防止摔伤尤为重要。

> **案例**

2011年9月，郑州市西郊，两个男大学生夜晚骑车出校门横穿马路时，被一辆疾驰而来的出租车撞上。其中一人当场死亡，另外一人受伤入院。据现场多名学生说，出事的两名大学生，是马路西侧河南经贸职业学院的大二学生。一名目击市民和目击出租车司机说，撞人的那辆出租车当时想超车，就绕到了道路中间单黄线以东，撞上了两名学生。而该校校门口前的马路南端设有一个斑马线，却没有红绿灯。

分析

> 大学生在过马路时一定要注意来往车辆。过马路时要走斑马线、看红绿灯。如果路口没有红绿灯，不要随便横穿马路，容易造成交通事故。

（二）骑行安全

无论骑行哪一种车辆，一定要熟练掌握骑车技术以后才能上路。出行前要先检查一下车辆的铃、刹车等部件是否齐全有效，确保没有问题。不要骑安全部件失灵的自行车或电动车。骑车通过交叉路口时，要遵守交通规则，不能贪图方便取近道，光线暗时骑车应慢行。

骑非机动车时，应当在非机动车道内行驶。在没有非机动车道的道路上，应当靠行车道的右侧行驶，在非机动车道内行驶时，最高速度

图 5-6　骑车不要嬉戏打闹

不得超过每小时 15 千米。骑车时，不能双手离把，不准手中提物，不准曲线骑行，不准攀扶机动车。骑车时避免两人以上并行，不能互相追逐打闹。骑车转弯前应减速慢行，在确保安全后，伸手示意通过，不要强行猛拐，不做危险动作。雨雪天骑车最好穿雨衣，不要一手持伞，一手扶把骑行，与前面的车辆保持距离，骑行速度放慢，以防道路泥泞湿滑发生意外。另外，骑行任何车辆都不能进入高速公路。

案例

江苏某高校女大学生骑电瓶车时听音乐，露在外面的耳机线挂到了路边的护栏上，耳机线将人带倒，摔在路上。耳机线缠绕在该女大学生的脖颈处，勒出了一道近五厘米长的伤口，流血不止。附近执勤交警发现后连忙将其送往医院救治。所幸该女大学生主要是皮外伤，如果耳机线勒得再深一些就会割伤动脉造成生命危险。

分析

> 骑电瓶车时，千万不要一边骑车一边听音乐，尤其是夏天，穿的衣服比较单薄，万一发生意外，如摔倒，耳机线很容易拉伤脖子和皮肤，造成意外事件。另外戴耳机还会影响听力，影响对后面来车方向和情况的判断，有很大的安全隐患。

（三）公共交通安全

乘坐公共车辆时要先下后上，排队上车，不要乱拥乱挤，车停稳后才能上车，不能抢车、扒车。上车后首先找个座位，没有座位时要尽量离开车门抓住车上的固定把手，切忌拽车门。乘车时不可将头或手伸出窗外，以免受到伤害。注意文明礼貌，避免因上下车时发生矛盾争吵而危及自身安全。不乘坐"黑车"，"黑车"的驾驶员在驾驶时，既要观察路边是否有乘客，又要观察是否有执法人员，有较多的不稳定因素，潜在的危险性很大。当乘车人员与司机发生矛盾，切不可去抢夺方向盘，或者与司机发生肢体冲突，一旦车辆失控，后果不堪设想。

人们在乘坐长途汽车时，非常容易疲劳困倦，一旦遇有紧急情况容易给自身

图 5-7 拒绝"黑车"

带来伤害。安全的做法应该是注意观察前方情况，用手扶握住前排靠椅或栏杆，背向后靠，脚在前面有可以抵踩之处时尽可能踩住，这样，既有了抵挡惯性的用力点，又有了较大的向前冲击的空间，可以大大减轻甚至避免伤害。车辆在高速公路行驶时，乘车人不得站立，不得向车外抛弃物品，前排乘车人应系好安全带。当车辆因故障不能离开车道或者发生交通事故时，乘车人必须迅速转移到右侧路边。除执行任务的交通警察外，禁止任何人在高速公路上拦截车辆。

▼ 案例

2014年1月6日，成都一所医学高校的在校大学生李某乘坐车牌号为川A85290的826路公交车前往华阳办事。途中因公交司机未在该站停车，李某与其发生争吵。随后，李某不顾行驶安全，拍打、抓扯正在驾驶公交车司机的右肩，致使司机身体失控而错踩油门，导致826路公交车严重失控，先与一行驶中的面包车相撞，后又与路边的一路灯及停靠在路边的五辆轿车相撞，最后公交车撞上警官学院的围墙后停下。李某的行为造成了六辆轿车严重损坏、公交车上的10余名乘客不同程度受伤的严重后果，检察院以涉嫌过失以危险方法危害公共安全罪批准逮捕了李某。

▼ 分析

乘客与司机抢夺方向盘是件特别危险的事情，一旦车子失控，后果非常严重。更何况公交车内还有多名乘客，一旦出事，还会危及他人的人身安全。大学生应遵纪守法，遇事冷静，不要一时冲动，毁了自己，也害了别人。

（四）船舶交通安全

在乘坐船舶时，不要搭乘吃水线明显低于水位或乘客拥挤的超载船只；不要坐缺乏救护设施、无证经营的小船；不携带危险品上船，不仅自己不夹带危险物品上船，还应主动配合站埠人员做好对危险物品的查堵工作，若发现有人将危险物品带上船，应督促其交给管理人员作妥善处理；船上的许多设备都与保障安全有关，不要乱动，以免影响正常航行；上下船时，一定要等船靠稳，待工作人员安置好上下船的跳板后再行动；排队行进，不得拥挤、争抢，以免造成挤伤、落水等事故；上船后要听从管理人员的安排，并根据指示牌寻找自己的座位；不随意攀爬船杆，不跨越船挡，以免发生意外。

客船航行时，不在船头、甲板等地打闹、追逐，以防落水；摄影时，不要紧靠船边，也不要站在甲板边缘向下看波浪，以防晕眩或失足落水；观景时，切莫一窝蜂地拥向船的一侧，以防引起船体倾斜，发生意外；夜间航行，不要用手电筒向水面、岸边乱照，以免引起误会或使驾驶员产生错觉而发生危险；若在航行途中遇到大雾、大风等恶劣天气临时停泊时，要静心等待，不要让船员冒险开船，以免发生事故。

二、交通事故的应急处理

道路交通事故，是指车辆驾驶人员、行人、乘车人以及其他在道路上进行与交通有关活动的人员，因违反《中华人民共和国道路交通安全法》和其他道路交通管理法规、规章的行为，过失造成人身伤亡或者财产损失的事故。如不慎遭遇交通事故，应注意以下四个方面。

（一）发生交通事故要及时报案

大学生无论是在校内还是在校外，一旦发生交通事故，首先要及时拨打"122"交通事故报警电话报案，千万不能与肇事者"私了"。若在校外发生交通事故，除及时报案外，还应该及时与学校取得联系，由学校出面处理相关事宜。拨打"122"电话报警时，要详细说明出事时间和地点、受伤或死亡人数及车辆损伤情况等。另外，事故发生后要及时稳住肇事者，在交警没来之前，不要与其发生争执，可发动周围的人帮忙控制。如果肇事车辆逃逸，说明肇事车辆的车牌号或者车辆的车型、颜色等主要特征。最后要记得留下联系电话和姓名。

（二）事故发生后要保护好现场

事故现场的勘查结论是划分事故责任的依据之一。大学生在校外或校内发生交通事故或者发现交通事故，要注意保护好事故现场，可以利用手机、照相机等数码设备等记录现场的声像、音频资料，记录重点包括事故发生时的原貌、出事车辆的牌号、出事司机的体貌特征等。在任何情况下，大学生都不能乘人之危，私拿因交通事故抛撒在车上、路上的钱物。

（三）事故发生后要及时救助伤员

图5-8　及时报警，救助伤员

大学生无论是在校外还是校内遇到交通事故，如有人员伤亡，要及时拨打"120"电话进行救助，必要时拦截合适的车辆将伤员及时送往医院。要特别注意现场伤情的处置，防止造成其他损伤。拨打"120"电话时，要注意讲清交通事故的具体地址，以及可联络的电话号码，尽可能说清楚伤员受伤的时间、受伤人数及伤者具体的受伤部位，伤者目前最危急的情况，如呼吸困难、大出血等，并询问救护车到达的大致时间，到什么位置接应救护车等。

（四）注意防火防爆

发生交通事故的机动车很容易起火，起火不仅威胁司乘人员的生命安全、毁损车辆，而且会影响交通秩序。所以交通事故现场要做好以下防火防爆措施：关掉车辆的引擎，消除其他可能引起火灾的隐患；事故现场禁止吸烟，以防引燃泄漏的燃油；载有危险品的车辆发生事故时，危险性液体、气体发生泄漏，要及时将危险品是否有毒、易燃易爆、腐蚀性及装载量、泄漏量等情况通知警方及消防人员，以便采取防范措施。

三、采取正确的急救措施

抢救伤者时，不要盲目操作，应有要领和顾及轻重缓急，否则可能加重伤情，甚至危及伤者的生命安全。

（一）初步检查、判断伤者的伤情

首先检查伤者神志、意识。正常人的意识是清醒的，反应是灵敏的，对事物的地点、时间的判断是很准确的。但当车祸发生后，因受伤的程度不同，人的意识也会呈现不同的状态。如果伤后只是一时不省人事，且时间不超过20分钟，表示伤势不太严重。如果伤后一直昏迷或呈现"昏迷—清醒—再昏迷"的状态，而且伴有剧烈持续的头痛和频繁的呕吐、瞳孔散大或者大小不等的改变，就说明脑损伤比较严重。

其次检查伤者呼吸。呼吸也是生命的基本体征，正常人每分钟呼吸 16—20 次，垂危伤者的呼吸多变快、变浅、不规则。伤者临死前，一般呼吸会变缓慢、不规则直至停止。在观察危重伤者的呼吸时，由于呼吸微弱，难以看到胸部明显的起伏，可以将小片棉花或小薄纸条、小草等放在伤者鼻孔旁，看这些物体是否随呼吸来回飘动，由此来判定伤者是否还有呼吸。

最后检查伤者脉搏心跳。心跳是生命的基本体征，正常人的脉搏为每分钟 60—100 次；严重创伤、大出血的伤者，心跳多快而弱；心跳为每分钟 120 次以上时，多为早期休克；当伤者死亡时，心跳停止。发生车祸后，若伤者脉搏细而快、面色苍白、皮肤湿冷、烦躁口渴、呼吸浅而快，甚至出现呼吸困难，是出血性休克和肺胸膜损伤的表现；若脉搏慢而洪大、呼吸慢而深，则是脑损伤的表现。这些都是危险信号，应将伤者火速送往附近的医院治疗。

（二）现场施救的先后顺序

如果伤者大出血，应先止血，解除呼吸道阻塞，以防休克，紧急时可用干净手帕、衬衣将伤口压住再行包扎；如果伤者的呼吸和心跳停止，应该立即进行人工呼吸和心脏按压；对于意识丧失者，宜用手帕、手指清除口、鼻中的泥土、呕吐物，随后将伤者放置在侧卧位或俯卧位，以防窒息；对于四肢骨折者，可以就地取材，用木棍、木板、布条等将骨折肢体加以固定。

（三）防止"二次损伤"

在现场抢救时，通常要车上车下搬动伤者，这时要特别注意现场伤情处置，预防颈椎错位、脊髓损伤等，防止造成"二次损伤"。当搬动重伤者时，可以用硬纸板、厚帆布之类的东西，剪成适合颈部的两片，放在伤者颈部前后，再用布条包扎，以防颈部活动导致颈椎错位，损伤脊髓，从而引起高位截瘫。此外，在搬动时，要托住伤者腰部，搬动者用力要整齐一致，以防伤者因腰部损伤影响到脊髓。

受伤时不要乱动，当有人帮助时，应当告诉对方自己的身份、校名、地址、家长或家庭电话等，获救后要尽快与家长和老师联系。

四、交通事故的法律程序

（一）责任的认定

报警后，公安机关交通管理部门应当根据交通事故现场勘验、检查、调查情况和有关检验、鉴定结论，及时制作交通事故认定书，作为处理交通事故的证据。交通事故认定书应当载明交通事故的基本事实、成因和当事人的责任，并送达当事人。

发生交通事故后当事人逃逸的，承担全部责任。但是，有证据证明对方当事人也有过错的，可以减轻责任。当事人故意破坏、伪造现场、毁灭证据的，承担全部责任。

▶ **案例**

2013 年 8 月 30 日，柴某乘坐陈某驾驶的车辆在非机动车道内停车，柴某开启左后车门时，适有亢某驾驶无号牌电动自行车由东向西行驶，两车接触，造成亢某受伤、车辆损坏。交通管理部门认定陈某、柴某负全部责任，亢某无责任。陈某车辆在保险公司投保交强险及 20 万元不计免赔商业三者险。亢某起诉至法院要求陈某、柴某及保险公司承担各项损失。

✎ **分析**

> 本案中，柴某未尽到安全注意义务，下车开启车门时撞击到电动车是亢某受伤的主要原因，应承担亢某人身损害的主要赔偿责任。法院酌定柴某的责任承担比例为 60%，陈某未按规定停车的责任承担比例为 40%。

（二）调解与赔偿

1. 调解

对交通事故损害赔偿的争议，各方当事人可以采用调解的解决方式。各方当事人一致请求公安机关交通管理部门调解的，应当在收到交通事故认定书之日起10 日内提出书面调解申请。

对交通事故致死的，调解从办理丧葬事宜结束之日起开始；对交通事故致伤的，调解从治疗终结或者定残之日起开始；对交通事故造成财产损失的，调解从确定损失之日起开始。

公安机关交通管理部门调解交通事故损害赔偿争议的期限为 10 日。调解达成协议的，公安机关交通管理部门应当制作调解书送交各方当事人，调解书经各方当事人共同签字后生效；调解未达成协议的，公安机关交通管理部门应当制作调解终结书送交各方当事人。

2. 赔偿

机动车发生交通事故造成人身伤亡、财产损失的，由保险公司在机动车第三者责任强制保险责任限额范围内予以赔偿；不足的部分，按照下列规定承担赔偿责任：

第一，机动车之间发生交通事故的，由有过错的一方承担赔偿责任；双方都有过错的，按照各自过错的比例分担责任。

第二，机动车与非机动车驾驶人、行人之间发生交通事故，非机动车驾驶人、行人没有过错的，由机动车一方承担赔偿责任；有证据证明非机动车驾驶人、行人有过错的，根据过错程度适当减轻机动车一方的赔偿责任；机动车一方没有过错的，承担不超过百分之十的赔偿责任。

第三，交通事故的损失是由非机动车驾驶人、行人故意碰撞机动车造成的，如通常所说的"碰瓷"行为，机动车一方不承担赔偿责任。

赔偿的范围主要包括医疗费、交通费、误工费、营养费、护工费、残疾赔偿金、死亡赔偿金、丧葬费等。

阅读延伸
交通事故简易处理流程

如何防范打车危险事件

近年来滴滴打车安全事故频发，受害者很多都是女大学生，实在让人揪心。其实，不光是滴滴打车，其他打车出现危险的案例比比皆是。大学生在出门打车时，需要好好防范，保护自己。这里给大学生们提五点防范建议。

1. 不要在深夜打车，尤其是女孩子一个人的话，更会大大增加危险性。其次一定要选择正规运营的出租车，或者使用正规平台的软件，避免打到黑车，保护自己权益。

2. 上车时要核对司机、车牌号与平台是否一致，及时将司机、车牌信息截图发给好友、父母，如果遇到危险，他们可以根据你提供的信息及时报警来救你。

3. 女生不要坐在副驾驶的位置，最好在后排落座。尤其在夏天的时候，由于衣服穿得较少，更容易引起一些司机的犯罪念头，如果要打车，建议不要穿低胸、短裤等上车。

4. 在车上也可以假装语音或通话，表现出一种有人正在关心自己、了解自己目前进程的样子，这样司机会因为电话那头的人而有所顾忌，不敢动歪脑筋。

5. 如果发现周围的路况不是自己熟悉的道路，及时利用手机导航查看路线。如果发现严重偏离自己预定目的地，请及时和亲朋好友联系告知情况。另外，及时坐在后座，也不要在车上睡觉。如果实在较困，可以用手机设置好闹钟，同时将包抱在怀里，避免司机趁自己睡着将包拿走。

若遇到危险，可以与歹徒周旋（注意，这里的"歹徒"不一定是司机，也可能是同乘的乘客），寻求逃生方案逃生线路，伺机逃生。实在无处逃生就继续周旋并寻求机会报警，等待警方到来。在此期间一定要沉着冷静，机智面对，减少歹徒防范心理，不要激怒歹徒。若是歹徒想抢劫，就把身上的财物给他，切不可留恋财物，毕竟没有什么比生命更重要。

另外，尽量让司机往人多的大路上走，别走偏僻的山路和小路，在离家不远要进入人迹罕至的地方时，可以选择下车坐公交或者走路前去。

其实大学生，尤其是女大学生，出门在外，无论乘坐什么交通工具，都应该注意自身安全。只有平平安安，才能展望美好未来。

安全问答

交通出行安全知识测试题

第六章　识破套路，守好钱袋子
——电信网络安全

　　进入 21 世纪以来，中国电信网络发展十分迅猛，从当初只有个别人拥有电脑，到如今人人持有智能手机，也不过十几年的时间。大学生作为处在时代潮流前沿的群体，相比其他人群，接纳和尝试新鲜事物的能力是最强的。电信网络对于大学生而言，早已成为生活中不可缺少的一部分。然而，也有一些不法分子利用网络进行违法犯罪活动，给大学生带来财产损失和人身伤害。同时，网络中存在的不良信息，也会对大学生造成不良影响，诱发违法犯罪行为。因此，作为当代大学生，必须了解和掌握网络电信安全知识，提高安全意识，确保自身权益不受侵害。

第一节 网络陷阱

大学生作为电信互联网用户群体的主力军，是接触电信互联网最多的一个群体，无论大学生毕业后是否从事电信互联网行业，生活、娱乐、购物、出行都与电信互联网息息相关。与此同时，电信网络诈骗也像病毒一样，通过互联网这个媒介迅速扩散到大学生群体。

一、了解电信网络诈骗

电信网络诈骗具有发展蔓延快、骗局花样翻新快、有严格分工且主要犯罪分子一般在境外遥控指挥等特点。认清电信网络诈骗的实质可以提高大学生的防范意识，在生活中处处留心这类骗局，电信网络诈骗就不会得逞。

（一）电信网络诈骗的起源

电信网络诈骗起源于中国台湾，又称为"台湾式诈骗"，自 2000 年开始在东亚及东南亚地区盛行。近几年来随着我国金融、通信业的快速发展，借助于手机、固定电话、网络等通信工具和现代的网银技术实施的非接触式的电信诈骗犯罪迅速发展蔓延，特别是 2008 年以来，我国一些地区电信诈骗案件持续高发，给人民群众造成了很大的损失。

（二）电信网络诈骗的根本目的是骗取钱财

电信网络诈骗的本质就是犯罪嫌疑人不与受害人直接见面，采用非接触的方式如电话、短信、微信、邮件等与受害人联系沟通，用虚构事实或者隐瞒真相的欺骗手段，取得受害人的信任，骗取受害人的钱财。其实不管骗子使用哄骗、恐吓、利诱等任何手段，最终目的都会归结到钱上。不管是援助机构的助学金、押金、手续费，还是招聘网站的介绍费、报名费、返利费、保证金，任何名目都要在钱上体现出来。

图 6-1 电信网络诈骗危害大学生

案例

某高校大学生李琳（化名）提前到校后，打算通过网络找一份兼职。在上网时，她在一个 QQ 群里看到一条兼职广告："招聘饮品促销员，可专职或兼职，工作时间不限，要求吃苦耐劳，每天薪酬 × × 元。"李琳抱着试一试的心态，添加了"招聘专员"的 QQ。对方告诉李琳，为了帮她节省到公司面试的时间和路费，可以先通过 QQ 视频面试，通过后由主管进行电话面试即可。在顺利通过视频面试后，李琳拨打了"招聘专员"给的主管的电话进行了电话面试，主管李某告诉她为了防止其临时反悔耽误促销活动，需要交 300 元押金和 200 元的面试费用，如果同意交费，8 月 24 日就可以上班，工资日结。随后，"招聘专员"传来一份"外场员工入职信息表"，表格里除了要求填写姓名、电话、QQ 号、学历等信息，还着重备注了"工资结算银行卡号"。按要求填写完"正规"的入职表，李琳放松了警惕，并按要求向对方转账 500 元。到了上班的时间，李琳却没有接到电话通知，当她再次联系"招聘专员"的 QQ 时发现已被拉黑，电话面试的号码也已经停机。她这才意识到被骗，随即到派出所报案。

分析

　　"高薪兼职"是大学生上当最多的电信网络诈骗类型之一。大学生初入大学，拥有一定的个人财产，有些家庭困难的学生，为求自立，试图通过兼职赚钱来缓解家里的负担，开始独立生活。诈骗分子利用部分大学生急于赚钱或积累工作经验的心理，一步步引诱他们落入电信网络诈骗的陷阱中。

（三）电信网络诈骗的团伙作案

　　骗子的骗术越来越高超，大多数时候不单是一个人进行语言上的欺骗，而是有角色地演戏。骗子集团不惜花钱买来剧本，在实施诈骗行为之前，骗子为了让受害人感到真实会排练很多次，从语言组织上、语气上、通话时间上、通话间隔上、角色性别上、口音上等进行练习，直到达到以假乱真的程度。

图 6-2　诈骗分子团伙作案

诈骗产业链一般至少分为四大环节：信息获取、批发销售、实施诈骗、分赃销赃。信息获取是提供诈骗的关键素材，属于提供技术支持的环节，而且通常不参与到具体诈骗实施中，隐藏较深；批发销售是将个人信息转卖给诈骗团伙，有时候同时为多个诈骗团伙服务；实施诈骗是普通人接触到最多的环节，诈骗分子以公检法人员、熟人、领导、客服等虚假身份出现，拥有较强的公关、沟通能力；分赃销赃是指诈骗一旦成功，就会进入分赃销赃阶段。有时候，团伙会安排小马仔去 ATM 机取款，再将赃款转给分赃中间人，由中间人分配给团伙人员。有时候，团伙会让财务会计师将赃款分散到多个网银账户上，增加警方破案和银行冻结账户的难度。

（四）电信网络诈骗的手段花样百出

骗子会使用电话、微信、邮件等网络社交类通信工具作为媒介和受害人联系，一般不会与受害人直接见面，这样即使被受害人发觉也可以很快脱身。如果能快速识别电信网络诈骗的手法，就能减少上当的概率，所以识别电信网络诈骗手法也是防范电信诈骗行为的一种有效手段。

图 6-3　警惕各种假冒"公检法"

下面着重介绍在高校多发的一些行骗手法，通过介绍，使大学生能对骗子惯用的诈骗伎俩有个清醒的认识。

1. 冒充大学生求助诈骗

冒充大学生求助诈骗这类案件多发生在学校开学的时段。骗子的伎俩一般是自称北大、清华或港台等著名高校的学生，声称自己遇到了困难（如实习、考察掉队、被盗等），利用借手机、问路、找人等幌子接近大学生，恳求借用电话与家人或导师联系（家人或导师均是同伙，他们一起唱双簧，以进一步骗取学生的信任），并当着大学生的面讲述自己遇到的困难，进而让大学生接听电话，对方一面感激，一面拜托帮助。在博得大学生的同情与信任后，骗子便以让家人汇钱为由，索取大学生银行卡密码，然后将卡上的存款取走或转账。

2. 冒充领导诈骗

此类犯罪诈骗中，不法分子通过电话询问、上网查询等手段，详细收集基层企、事业单位以及上级机关、监管部门等单位主要领导的姓名、手机号码、办公室电话等有关资料。获取资料后，不法分子假冒领导、秘书或部门工作人员等身份打电话给基层单位负责人，以推销书籍或纪念币、划款拨项、配车、帮助解决经费困难等为由，让受骗人先支付订购款、配套费、手续费等，实施诈骗活动。

3. 汇钱救急诈骗

有些不法分子通过网聊、电话交友等手段掌握了受害人的家庭成员信息后，首先通过反复骚扰或其他手段诱使受害人手机关机，利用受害人手机关机的间隙，以医生或警察名义向受害人家属打电话，谎称受害人生病或车祸住院正在抢救，甚至谎称遭到绑架，要求汇钱到指定账户救急以实施诈骗。

还有的会先拨通受害人电话，让受害人"猜猜我是谁？"如受害人说"真的想不起"，犯罪嫌疑人就会说"你连我都忘了，那就算了"；如受害者"恍然大悟"说"哦你是某某"，嫌疑人就会顺着说"是啊，你终于想起来了"，然后就说要去看对方，并在次日或过后几天编造在去的途中出车祸、遭绑架等谎言，向受害人借钱，让受害人汇钱到指定的账户。

4. 中奖诈骗

这类诈骗方式主要分三种：一是预先大批量印刷精美的虚假中奖刮刮卡，通过信件邮寄或雇人投递发送；二是通过手机短信发送；三是通过互联网发送。受害人一旦与犯罪分子联系兑奖，即以"需先汇个人所得税""公证费""转账手续费"等各种理由要求受害人汇钱，以达到诈骗目的。

5. 网络游戏诈骗

现在不少大学生都喜欢玩网络游戏，或用 QQ、微信聊天，骗子会谎称自己是网络公司、客服中心等"权威"部门，以抽中幸运大奖，有高额奖金、贵重奖品或游戏装备为诱饵，要受害人汇款来领奖。当受害人信以为真地汇去第一笔款后，骗子又以还需汇缴个人所得税、领奖手续费、会员费、资料档案费等为由继续哄骗，受害人迫于已汇了部分钱款无法退回，于是越陷越深，最终蒙受较大的经济损失。

阅读延伸
网络支付诈骗案例场景还原

二、防范电信网络诈骗

对于反电信网络诈骗来说，防范比打击更加有效、更加切实，大学生只要把握防范要点，做好自身的心理防范，就能有效避免上当受骗。

（一）警惕来历不明的信息

不要轻信来历不明的电话和手机短信，不管不法分子使用什么花言巧语，都不要轻易相信，要及时挂断电话，不回复手机短信，不熟悉的无线网络不要接入，也尽量不要在公共场所使用支付宝等网络支付方式，不给不法分子进一步设圈套的机会。

（二）不要贪图小利

图6-4　不要贪图小便宜

巩固自己的心理防线，不要因贪小利而受不法分子诱惑短信的蒙骗。涉及金钱、个人信息的事情要提高警惕，在不了解对方的情况下，不向对方透露自己及家人的身份信息、存款、银行卡等情况。如有疑问，可拨打"110"报警电话求助咨询，或向亲戚、朋友、同事核实。

案例

看到身边的很多同学都有苹果手机，上海某高校研究生小李也想为自己添置一部。在网上搜索时他发现一家网站的数码产品卖得特别便宜，两部苹果手机只需5700元。心动之下，小李向对方汇去了20%的押金。次日转账付了余款后，对方又以各种理由先后几次让小李汇款并保证交易后立刻退还，还威胁他如果放弃交易，那么先前几笔钱都不会退还。为此小李陆续共汇去1.75万元。此时，对方又称由于小李汇款延误导致其他客户退订手机，所以要求小李买下另外两部手机共6000元。至此，小李才觉察到事情不对劲，遂向警方报案。

分析

随着时代的发展，人们的消费观念正在不断改变，年轻的大学生能较快地适应时代的改变，他们有着不同于社会其他消费群体的消费心理和行为。一方面，他们有旺盛的消费需求；另一方面，由于经济尚未独立，消费观念的超前和消费实力的滞后，导致大学生急于在短时间内获得大收益，一听到可以赚钱或者省钱就相信，诈骗分子正是利用了这一点，才对大学生实施诈骗时屡屡得手。

（三）任何时候都不能向对方转账

中国人民银行发布《关于加强支付结算管理防范电信网络新型违法犯罪有关事项的通知》，明确自2016年12月1日起，个人通过自助柜员机转账的，在发卡行受理后24小时内，可申请撤销转账，这在一定程度上能够降低被诈骗后的损失。实际生活中，遇到任何转账的要求都要万分谨慎，为了保证自己财产安全，绝不向陌生人汇款、转账。

（四）不断提高自身防范意识

"打铁还需自身硬"，外因是不断变化的，国家相关政策制定得再完善，也难以保证不会被狡猾的犯罪分子找到空子实施诈骗，大学生要提高自身的防范意识，提高自己识别电信网络诈骗的能力。要保护好自己的个人信息，不要轻信电信网络上的信息，更不要有贪图小利的思想。遇到事情不慌张，要核实清楚再作决定，否则会让自己陷入被动境地。

案例

2017年，某高校大学生钱某接到一个陌生电话，对方说由于钱某在上海有张信用卡欠费，要把钱某的全部资产冻结。钱某说在上海没卡，对方说帮钱某转接上海市松江区公安局经侦支队，钱某查询到号码后，正要拨打，这时另一个陌生号码给钱某打来电话，说钱某牵涉一起案件，还给了钱某一个网址，钱某进入网址发现竟是自己的网上通缉令，有自己的个人信息和护照。之后，对方说要对钱某的财产进行清查，问钱某有多少钱，钱某回答说一共有15000元，对方让钱某把钱全取出来，到自动取款机汇款。钱某把银行里的15000元全部取出后，到当地某银行自动取款机，按对方所说的操作，把15000元汇入了对方卡中。

分析

从上述案例看出，受害人往往在被骗后短时间内都能发现骗局本身。这说明如果被骗时有一定的防范意识或者有一定的思考时间就能拆穿骗局，但是骗子就是在人们还在犹豫期间一直拨打电话干扰，使受害人在紧张害怕的心理状态下来不及思考。有的受害人已经有了一定的防范意识，比如查询所称单位的电话号码，但没有进一步核实就再次陷入骗子的骗局中。一旦进入骗子的节奏，再想从骗局中脱离就难了。

阅读延伸

3分钟教你如何防范网络电信诈骗

三、遭遇电信网络诈骗后的挽救措施

在遭受电信网络诈骗后，要及时报警，不要碍于面子想要自己解决问题，涉及父母、亲戚、朋友的信息时，一定要及时通知亲友做好防范，以免错失补救的机会。

（一）及时、尽早地报案

一旦发现钱财被诈骗，第一时间报警十分重要，只有被骗群众及时报警，反诈骗部门才能采取措施及时止付，封堵被骗资金。追踪封堵赃款的黄金时间多在汇款转账后的半个小时内，所以这半个小时也被称为"止付黄金半小时"。在黄金半小时内说清涉案通信号码和银行账号等关键信息，为反虚假信息诈骗中心快速处置提供必要条件，才能最大限度追回被骗资金。

（二）及时保留详尽的证据

证据是报案和公安机关立案的重要依据，也是公安机关继续办案的线索，更是将来追回损失的重要凭证。证据本身是有证明力的，公安机关通过合法的途径，依照合法的程序进行提取。我们要做的就是尽量保持证据的原始状态，即保持证据的初始性、完整性和客观性。对电信诈骗中使用过的手机、电脑等设备中的信息不要删除和修改，有可能破案的线索就藏在这些信息中。

第二节　安全上网

随着互联网宽带、4G网络技术的发展，网络应用越来越便捷，网络社交已经成为一种时代潮流。在大学生中，互联网是日常交往、沟通感情、交流工作的重要帮手。但是，互联网也给大学生带来了很多意外和麻烦，如泄露隐私、敲诈勒索、骗财骗色等。大学生虽然已迈向成人世界的第一步，但仍然缺乏足够的自我防范意识，缺乏明辨是非与拒绝诱惑的能力，这使得大学生群体成为了网络诈骗、网络陷阱等网络安全威胁的重灾区。因此，对大学生来说，加强互联网使用安全教育有重大的实际意义。

一、常见的互联网安全隐患

（一）不良信息骚扰

这类信息有不良政治信息、暴力信息、违反公共道德信息等。不良政治信息包括发布煽动民族仇恨、民族歧视，宣扬邪教、封建迷信以及反党、反政府等威胁社会稳定和国家安全的信息。这部分信息带有一定的隐蔽性，严重危害我国的国家安全和社会安定。暴力信息，是指以一种非理性的方式宣传暴力、凶杀、血腥、绑架、强暴、战争和恐怖等内容的信息。这些信息往往以一些非法游戏为载体，场面、内容刺激，对大学生有极大的诱惑力。大学生往往会感到好奇，并产生兴趣，从而歪曲原本健康的价值观。有的甚至还会在现实中效仿游戏中的场景而伤害他人，触犯法律、法规。违反公共道德信息，是指违背社会主义精神文明建设要求、违背中华民族优良文化传统与习惯以及其他违背社会公德的各类信息，主要包括代孕、伴游、代写论文、代发论文以及一些与黑客技术交流、强制视频软件下载等相关的披着高科技外衣的信息。

（二）网络求职安全

在信息技术飞速发展的背景下，网络求职以其简捷、低成本成为大学毕业生求职捷径的首选。然而网络在给毕业生提供大量就业信息、拓宽就业渠道的同时，也埋下了诸多安全隐患。为了寻找一份适合自己的工作，很多大学毕业生未经仔细辨别，就在招聘网站上大量投递简历，期望获得更多的应聘机会。没想到工作未果，却接到很多保险、培

图6-5　网络求职是诈骗的重灾区

训公司的骚扰电话。另外网络招聘的弊端是信息更新不及时、虚假信息满天飞等，这让求职者非常头疼。据了解，虽然招聘网站也会对企业发布的信息进行审核，但还是会有不法分子钻空子，令求职者防不胜防。

> **案例**

某高校学生小李7月就要毕业了，他的学历是大专，去了几场招聘会都不太理想。后来他在网上看到很多招聘网站都有大量的招聘信息，觉得都挺不错的，于是将自己的简历传给很多"对口"企业。不久，小李收到了一封邮件，邮件上说小李的条件基本符合公司的要求，公司经过讨论同意录用他为职员。但是在工作前要先进行业务培训，考虑到小李家不在大连，公司优先照顾他，可以先汇教材费400元，在沈阳自学，然后再来大连参加进一步培训。这则录用信息让小李喜出望外，小李一直都想去沿海城市工作，这么容易就找到一份不错的工作实在是"点子好"。可是等了一个星期，也不见有教材邮到。小李连忙拨打联系人的电话，又发了几封邮件，但联系人的手机关机，邮件也没有人回复，小李这时才意识到被骗了。

分析

> 求职陷阱花样繁多、年年翻新，只有掌握骗子的伎俩，才能有效防范。一是，骗子通常会以收取报名费、培训费、押金等费用为前提来招聘人才，所以求职者遇到需要交费的用工单位，一定要提高警惕。二是，不要轻易将自己家中的电话留给对方，因为骗子有可能进行敲诈；不要交资料费或者培训费等相关费用，因为基本上没有企业会直接在网上录用求职者。

（三）网络交际安全

在网络交友时，大学生要充分认识网络的虚拟性、盲目性和不确定性，要时刻保持警惕心，防范一些心存不轨的网友。在网络上使用聊天工具时，尽量避免使用真实的姓名，不轻易告诉对方自己的手机号码、住址等有关个人真实身份的信息。经过一段时间的正常沟通以后，彼此之间有了一定的了解，也建立了一定的信任，此时，仍应保持一定的警惕与自我保护意识。不要轻易与网友见面，如要见面也不要带着太多的期盼，因为网络和现实存在差别。

与网友会面时，不要一个人赴约，尽量带上自己信任的同学或朋友；见面时间尽量选择白天，见面地点最好选在公共场所人较多的地方，不要选择偏僻、隐蔽的场所或酒吧与会所；尽量不喝对方单独买的饮料或酒水；在见面时察言观色，不过多透露自己的身份信息和家庭情况，保护好财物和通信工具。

（四）网络成瘾

网络成瘾，是指在无成瘾物质作用下的上网行为冲动失控。当遇到挫折，如学业上的失败、工作上的失落、社会交往恐惧、失恋、家庭打击等，为了寻求解脱，长时间和习惯性地沉浸在网络时空当中，对互联网产生强烈的依赖，以至达

到痴迷的程度而难以自我解脱的行为状态和心理状态。网络成瘾的类型可分为：网上聊天成瘾、网络游戏成瘾、浏览不良信息成瘾、网恋成瘾等。网络成瘾可导致人精神恍惚、心灵脆弱、性格孤僻、消极地面对生活，对生活和娱乐活动无兴趣，对其他人冷漠，甚至出现敌视心理。网络成瘾的大学生由于花费过多时间上网，必然损害现实中的人际关系和学业。

图6-6　警惕大学生网络成瘾

某高校大学生黄某在高中时，父母对其管教甚严，根本不允许他上网。黄某读大学后，因无人管教，迷恋上网从而一发不可收拾。2013年寒假过后，他带着父母给的三四千元生活费来到学校，继续上网。生活费很快用完了，能卖的东西也卖了，他不敢向家人要钱，就开始捡废品。在近半年的时间里，他靠捡废品来换钱上网、吃饭，身上的衣服是从外面捡的，晚上基本睡在大街上、破房子里，经常一个月都不洗澡、不换衣服。由于长期不上课，他不敢回学校，害怕父母责罚，与父母断绝了联系。民警发现流浪的黄某后，联系上黄某的父母，由他们领回了家。

分 析

　　父母倾向于将子女视为他们的私有物和附属品，而对子女具有更明显的操纵、控制和惩罚行为。在这种情况下，青少年极易产生抑郁情绪，甚至做出极端行为。逐渐成长的青少年不满这种压抑的家庭环境，就容易在网络的虚拟世界里寻找家庭的温馨和朋友的关爱。

（五）电脑及网络病毒

电脑病毒，是指编制或者在电脑程序中插入破坏电脑功能或者毁坏电脑数据，影响电脑使用，并且能自我复制的一组电脑指令或者程序代码。电脑病毒不是天然存在的，是某些人利用电脑软件和硬件所固有的脆弱性编制的。随着网络的普及，病毒的传播也从简单的介质传播向多样化的网络传播发展。网络病毒的来源主要有两种：电子邮件和下载的文件。在网络环境下，网络病毒具有如下一些共性：可传播性、可潜伏性、可破坏性和可激发性。另外，电脑病毒还有一些新的特点：感染速度快、扩散面广、电脑难以彻底清除、破坏性大。

目前，对用户危害最大的是各类木马病毒。木马病毒是一种危害电脑的病毒，在实践中，利用木马病毒实施危害电脑信息系统犯罪的并不多见，反而将木马病毒作为工具实施普通犯罪却逐渐成为一种趋势。利用木马病毒程序实施任何危害网络安全的行为均是违法的。对没有达到追究刑事责任程度的行为，由公安机关依法给予行政处罚；对达到追究刑事责任程度的，由司法机关依法追究刑事责任。

二、互联网的安全使用

（一）正确对待网络游戏

电脑是一种学习和工作的工具，也是一种娱乐工具。目前，大学生对电脑网络的兴趣往往不是来源于电脑网络丰富的学习资源，而是来源于对网络游戏的热衷。因此，如何引导大学生正确对待网络游戏，引发正确的学习动机就显得十分重要。教师要教育大学生，现在还处于学习知识的重要阶段，应把电脑作为一种帮助学习的工具，而不是作为高级游戏机。可以正面鼓励那些喜欢玩游戏的同学，现在开始努力学习电脑知识，将来努力成为一名出色的软件设计师，编出更好玩、更有趣的游戏软件。

（二）合理取舍网络信息

在青少年阶段，主要是学习信息处理方法，培养交流能力和对社会的适应能力，培养信息素养。通过互联网络，大学生可以学习如何检索、核对、判断、选择和处理信息，以达到对信息的有效利用。但是，如果放任他们在网络世界中驰骋，不去正确地引导，他们就会在网络中"迷航"，其危害不亚于网络游戏。因此，教师要引导大学生善于运用网络资源，并教会他们如何分辨其中的有害信息。

（三）网上交友须谨慎

图6-7　网上交友须谨慎

现在网上聊天交友已成为青少年的一种时尚。但是，有的大学生因迷恋上网影响正常的学习，学习成绩下降；有的大学生沉溺于虚拟的网络交往，影响了现实生活中与父母、老师、同学的交流；有的大学生甚至陷于不切实际的网恋而不能自拔。因此，引导大学生正确看待网络，正确处理虚拟和现实的关系，是网络道德教育必须关注的内容。

（四）努力提高网络素质

1.提高网络道德素质

大学生应认真学习并遵守《全国青少年网络文明公约》以及其他相关的互联网络法律法规，积极促成网上健康文明的道德规范。要积极开展、踊跃参与各种网上健康活动，倡导文明上网，创造一种全新的网上生活方式，做一个有正义感、责任感、上进心的合格大学生网民，在校园内形成文明上网的风气。

2.提高网络技能素质

大学生要充分认识到，未来的社会必将是网络社会。大学生应刻苦学习网络知识，努力使自己具有广博的网络计算机知识，学会熟练地运动网络，不断培养和提高自己的网络技能，只有这样，才能在未来日趋激烈的竞争中立于不败之地，将来能更好地为人民服务，实现自己的人生与社会价值，为推动人类社会的进步与发展贡献自己的力量。

案例

2017年5月，已经是大四学生的贾某一直没有通过英语四级考试，眼看就要毕业找工作的他心急如焚。某天，他在上网逛贴吧时看见一个可以办理英语四、六级等级证书的帖子，贾某就跟这个帖子上留的电话联系上了。对方称可以办证而且在网上可查，并要求贾某交纳操作费、办证费、邮寄费等各项费用5000元。贾某觉得只要能办成证多花一点钱也可以接受，于是双方协商后，贾某先交了2000元钱定金。过了一天，对方又说他如果再加1000元的话可以再帮其办理一张计算机二级的证书，这张证书单独办理的话需要3000元。贾某考虑过后同意办理，又给对方转了1000元。结果贾某转过钱后，就再也联系不上对方了。

分析

骗子抓住部分大学生急于得到相关证书等心理，通过网上贴吧、论坛等渠道以办理各种合格证书为由，向大学生行骗。大学生不要轻易相信网络信息，非正规网站的信息可信度不高；不要轻易相信办理各类证书的信息，如需要合格证书，要端正态度，参加国家相关考试。

（五）增强自控能力，加强自我保护和约束

大学生要慎重选择上网场所、上网时间、浏览网页的内容，选择那些通风环境较好、管理规范的网吧，必要时可以采取限时措施，每次上网1—2小时。坚决抵制不良网站的侵袭。上网时要保持高度警觉，不要理会陌生人的搭讪，谢绝不良人员的盛情邀请，回避陌生人的无理要求，躲避恶意网站、不良网络游戏、黑网吧；躲避黑客教唆陷阱、邪教陷阱、网恋陷阱、淫秽色情陷阱等不良网站，防止遭受非法侵害。特别是一些熟知电脑操作的大学生，在使用电脑时，要着力戒除利用电脑进行违法活动的心理。

（六）加强电脑、网络系统防护

对于个人电脑，建议定期使用正版防病毒软件杀毒检测并且及时将其升级更新，防止黑客程序侵入个人电脑系统。如果使用数字用户专线或是电缆调制解调器连接互联网，就要安装防火墙软件，监视数据流动。要尽量选用最先进的防火墙软件。不要按常规思维设置网络密码，要使用由数字、字母和汉字混排而成的、令黑客难以破译的口令密码。另外，要经常变换自己的口令密码。对不同的网站和程序，要使用不同的口令密码，不要图省事使用统一密码，以防被黑客破

译后产生"多米诺骨牌效应"。对来路不明的电子邮件、亲友电子邮件的附件或邮件列表要保持警惕，不要一收到就马上打开。首先要用杀病毒软件查杀，确定无病毒、无黑客程序后再打开。要尽量使用最新版本的互联网浏览器软件、电子邮件软件和其他相关软件。下载软件要去声誉好的专业网站，既确保安全又能保证较快速度，不要去资质不清楚的网站。不要轻易给别人的网站留下自己的电子身份资料，不要允许电子商务企业随意存储自己的信用卡资料。只向有安全保证的网站发送个人信用卡资料，注意寻找浏览器底部显示的挂锁图标或钥匙图标。要注意确认自己要登录的网站地址，注意输入的字母和标点符号要绝对正确，防止误入网上歧途，落入网络陷阱。不要自己制作或试验病毒。重创世界电脑界的CIH病毒，据说就是一名大学生制作的，它给全世界带来了电子灾难。

三、文明上网，远离网络犯罪

互联网的积极作用表明，它不仅是一场技术革命，更助推社会各个方面的进步。与此同时，互联网也展现出其"双刃剑"的另一面，诸如"食用碘盐能防核辐射"的谣言、虚假广告的传播……不仅损害了社会公共利益和公众利益，也引起了网站、用户和公众的不满。大学生在使用互联网时，要理性面对各种网络舆论，担负起相应的社会责任，更不能做出违法犯罪的事情。

（一）不造谣、不信谣、不传谣

图6-8 从我做起，不造谣、不信谣、不传谣

作为高校大学生，我们应该不造谣、不信谣、不传谣，文明上网，对出现的各类危害信息要判明情况，安全有序地规避，不要惊慌失措，如遇可疑情况，要及时报警。网络不是法外之地，不要认为在虚拟世界里就可以为所欲为，言论自由，因此没有了行为限制。要从自身做起，在主观思想上建立一道防线，抵制网络上反动、腐朽、不健康的内容对自己精神的侵蚀，树立与之斗争的信念与决心。互联网是崇尚科学知识、传播先进文化、塑造美好心灵、弘扬社会正气的主要阵地，大学生要共同营造积极向上、和谐文明的网络舆论氛围。

阅读延伸

尊重保护隐私，文明健康上网

[案例]

2018年3月15日，梁某在不知道事实真相的情况下，通过手机QQ发给林某两段视频和"今天早上，山下道口，死了八个人，路人报警，把路人都杀了"的不实信息，且将此信息在微信群上传播，造成恶劣的社会影响。根据《中华人民共和国治安管理处罚法》第二十五条第（一）项之规定，警方对梁某处以拘留五日的行政处罚。鉴于梁某已满十六周岁不满十八周岁，初次违反治安管理，根据《中华人民共和国治安管理处罚法》第二十一条第（二）项之规定，对其不送拘留所执行。

[分析]

> 警方出手打击网络造谣，再次提醒人们，网络社会也是法治社会，只要行为越过法律所允许的边界，就要受到法律制裁。大学生在上网时要树立法律意识，严格遵守互联网法律法规，文明上网，自觉远离网络谣言，坚决切断网络谣言传播链。

（二）洁身自好，远离网络犯罪

公安部公共信息网络安全监察局公布的统计数字表明，目前的网络犯罪主要有以下几种形式：利用计算机制作、复制传播色情、淫秽物品；利用网络非法传销，网上诈骗、网上敲诈勒索；危害计算机信息网络安全，利用互联网危害国家安全，侵犯公民人身权利和民主权利。在网络犯罪的人群中，18—25岁的约占45％。以高学历为特征的大学生群体是网络犯罪的"易感人群"。由于大学生群体具有接受新生事物快的特点，这一群体的网络犯罪多以"网络贩黄""网络病毒传播""网络非法传销"等为基本形式。

（三）维护国家权益，担负社会责任

互联网上的斗争是全球性高科技的较量，是政治思想、意识形态与综合实力的斗争。一些西方敌对势力利用其在网络上的技术优势，向我国青年宣扬不适合我国社会主义市场经济国情的政治思想文化，对广大青年特别是大学生进行西方意识形态的渗透。互联网上的这些信息使大学生在意识形态方面的防御能力面临严峻考验，政治思想观念和价值取向遭遇强烈冲击。大学生应当熟悉有关国家安全的法律、法规，善于识别各种伪装，自觉抵制诋毁我党和社会主义制度的信息，要始终树立国家利益高于一切的观念，成为国家安全和利益的自觉维护者，担负起维护国家安全和利益的社会责任。

阅读延伸

网络安全宣传周微电影《没有网络安全，就没有国家安全》

第三节　拒绝校园贷

校园网络贷款，又称"校园贷"，是指一些网络贷款平台面向在校大学生开展的贷款业务。随着网络借贷的快速发展，一些网络借贷平台不断向高校拓展业务，部分不良网络借贷平台采取虚假宣传、降低贷款门槛、隐瞒实际资费标准等手段，诱导大学生过度消费，甚至陷入"高利贷"陷阱，侵犯大学生合法权益，造成不良影响。

一、校园贷种类

2015 年，中国人民大学信用管理研究中心调查了全国 252 所高校近 5 万名大学生，并撰写了《全国大学生信用认知调研报告》。调查显示，在弥补资金短缺时，有 8.77% 的大学生会使用贷款获取资金，其中网络贷款几乎占一半。花样繁多的学生网贷途径大致有三类：一是单纯的网络贷款平台，比如"名校贷""我来贷"等；二是学生分期购物网站，如"趣分期"等；三是京东、淘宝等电商平台提供的信贷业务。

二、校园贷的产生因素

（一）客观环境原因

随着互联网以及电子商务的不断发展，网络消费逐渐成为人们生活的重要组成部分。网络金融服务也随着国家金融政策的放宽以及网络技术的成熟走入大众视野，消费和理财都不再拘泥于传统形式，这些客观条件的成熟使得网络贷款渐渐被大众接受。大学生较易接受和认同新生事物，并且以此为标杆。朋友中如有应用网络贷款的，则易诱发趋同心理。

2009 年 7 月银监会出台规定，叫停银行向大学生发放信用卡服务，导致服务于大学生的贷款消费市场转冷。这种客观事实，致使想提前消费的大学生将目光转向网络贷款。并且网络贷款申请简单易行，不少商家瞄准了大学生群体，看到了商机，专门研发了针对大学生的网络贷款产品。

（二）大学生主观原因

随着校园生活逐渐丰富以及网络贷款日趋便捷，同时受享乐主义、拜金主义等思想影响，大学生消费观越来越前沿，超前消费的理念和行为时有发生。据不完全统计，大学生消费支出中，餐饮和服饰占总支出的60%。一些大学生盲目追求名牌、讲究时尚，网络贷款的发展则如一支强心针，支持一些大学生先消费购物，再分期偿还贷款。这不仅刺激了一些大学生的攀比和虚荣心理，更为大学生超前消费观的形成提供了条件。

案例

2017年8月15日北京某高校大三学生范某被发现留下遗书溺亡。在他离世后，家人发现其曾在多个网络借贷平台贷款，并收到多条威胁恐吓的追债信息及视频。范某父亲的手机也陆续收到数十条信息，信息内容都是追讨债务。其中一条为："账单今天3点前查不到全款，马上群发通讯录，贴吧通告学校领导及辅导员，并上传个人征信记录，后果严重，自己看着办！"同时还接到多个追债电话，电话里的人在谩骂之后都声称范某借了高利贷，现在联系不到他，所以向其家人追债。范某从2016年7月开始，从一个名为"速×借"的网络借款平台借了第一笔1500元，随后就从另外一家网络借款平台借了3000元钱用于归还"速×借"的钱，然后再从另外的借款平台再借出更多的钱用来归还上一笔欠款。就这样，借的数额像滚雪球一样越滚越大，最后导致难以挽回的结局。

分析

校园贷以其小额度、低难度的审批手续，受到大学生青睐，但由于缺乏管制，其乱象滋生。加之受众均是涉世未深的大学生，他们对金钱的需求高、自身能力却不足，更加助长了各类乱象。其实校园贷就像滚雪球一样，需还的债务会越滚越大。大学生不知道这个后果，也低估了自己还款的能力，从而酿成悲剧。

三、校园贷的特点

校园贷，是指在校大学生向各类平台借钱的行为，它能够满足大学生一定量的消费需要，刺激经济需求，带动市场经济的发展。但同时，校园贷也会使大学生养成不良的消费习惯。

（一）校园贷多以"消费贷"为主

一些大学生贷款是用来作为创业的启动资金，但大部分大学生主要的贷款去向是个人日常消费。这些大学生内心的高消费欲望特别强烈，为了满足虚荣心，他们往往盲目攀比、追求享受、喜欢炫耀，并通过这些方式使欲望的释放成为可能。为大学生提供消费贷的网贷机构，绝大多数是市场化的互联网金融机构，这些机构深入校园为大学生提供各类借贷、分期付款产品，成为大学生超前消费的根本原因。

（二）放贷门槛较低

大多数校园贷的网络贷款平台标示"1分钟申请，10分钟审核，快至1天放款，零抵押，零担保"等宣传语，申请贷款门槛低，手续非常简单，许多大学生仅需在网络平台提供学生证、身份证和个人学籍等基本信息，就能完成注册和放款，甚至不需要贷款者本人亲自办理。

在低门槛和各种"好处费"的诱惑下，不少大学生不假思索就把自己的信息透露给他人，导致自己还不清楚已经生效的借贷关系时，就陷入巨额利息的陷阱中。也有的大学生在自己不知情的情况下，自己身份信息被他人拿去办理了贷款，导致自己承担债务，这时，大学生要及时报警。

案例

2017年8月，大学生小张在网上分期付款购买了一台价值3000元的电脑。因为无力偿还每期的利息，小张想到了网络贷款，就这样他"以贷养贷"，漏洞越来越大。一个多月的时间，还款金额就翻了数倍，就在小张绝望无助的时候，他在同学的介绍下，找到一家民间借贷公司，该公司称借款的6000元可以每周还1000元，还满6周的方式进行偿还，而借款4000元可以每天还100元利息直到一次性还2200元为止。小张深陷该公司的套路中。一方面如果这笔钱不还的话，贷款公司会向他的父母催讨；另一方面他们催讨的方式是进行电话轰炸，并在言语上对他们进行恐吓。因为前期在十多家网络小额贷款公司贷款，加上同学介绍的贷款公司，小张已经欠下两万元的欠款。此时的小张已无力偿还所有债务了。30天过后，催款人找到了他家。原来，当初在借款合同上，小张被逼写下了家庭地址和5个直系亲人的联系方式。家人帮小张还款2万元。但是，借款公司称在未按日期还款的情况下，每日日息高达30%。随后，催款并没有停止，催款人开始用各种手段催款，小张的家人全部被骚扰，每天甚至接到上百个电话，就这样前后小张向家人拿了将近50万元。

📐 **分析**

> 大学生要真实评估自己的经济实力，不要利用信用借贷满足自身的过度消费，要多学习关于借贷消费和金融风险的知识，珍惜个人信誉，不留信用污点。另外，不要随意出借自己的身份证件给他人使用，不要随意做他人的借贷担保人，更不要随意透露自己及家人的私密信息，以免被不法分子利用。大学生遇到经济困难时，要主动和家人进行商量，不要通过网络上不正规的借款渠道去借款。"以贷养贷"的方式只会让自己越陷越深，造成无法挽回的悲剧。

（三）收费不透明，成为变相高利贷

网贷平台往往打着低分期利率的广告吸引大学生，但事实并非如此。大多数网贷平台通常用等额本息还款方法计算应还金额，这种方法看似普通，但实际上网贷平台的月利率普遍在0.99%—2.38%，折合成年利率，高的就超过20%，远高于银行贷款利率。

网贷平台所谓的"利息""手续费"提前扣除，其背后是高额的利息。例如，准备借10000元，手续费1000元，约定每月利息10%，约定一个月还款。非法校园贷的操作

图6-9 校园贷便利的背后是高额的利息

是，提前扣除手续费1000元和一个月的利息1000元，大学生借到手的钱其实只有8000元。如果逾期，对方按照本金10000元收取利息。如果逾期不能还款，就要承担相应的罚金和违约服务费。还款一旦发生逾期，随之而来的滚雪球式增长快得惊人。

（四）催债乱象

由于校园贷的不成熟和大学生还款能力有限，由此便衍生出了校园催债乱象。如暴力催债、被拍裸照、被迫自杀、遭绑架、连坐、骚扰亲人和同学等。很多大学生不敢和家人说明实情，只能继续拆东墙补西墙，以贷养贷，到最后利息越滚越大了。其实，在借了第一笔校园贷之后，嫌疑人就会要求受害人将手机通讯录、微信好友通过同步助手打包一份发给他们，以便于向受害人家长进行催收，很多家庭因此天天被催债人威胁、恐吓，

图6-10 校园贷暴力催债乱象

每天不堪其扰，生活在恐惧中。这不仅对社会来说是一场灾害，对于大学生来说也是一种身心摧残。

案例

2016年3月，大学生小郑由于迷上了网络赌球，先后借了数笔校园贷，最终因无力偿还而选择了自杀。据了解，小郑共计借款6万块钱，这笔钱利滚利，慢慢地就无力还款了。虽然借贷平台宣传贷款"无利息"，但其实他们巧立名目，偷换概念，将利息换成了所谓的手续费、违约金、迟延履约金、保证金等，加在一起，高出国家规定的银行同期利率的10倍、20倍甚至更多。走投无路之下，小郑偷偷用同学的身份信息去贷款还债。他先后用28名同学的身份证借钱，然而，这并没有缓解小郑的还贷压力。同学陆续收到催款电话，直到这时，他们才知道自己的身份信息被小郑用来贷款。最终，欠款像滚雪球一样越滚越大，变成了60多万元。小郑不仅要偿还巨额贷款，还面临着来自家庭和同学的压力。重压下，他最终以自杀来逃避。

分析

许多校园贷平台偷换概念，打着"无利息"的名号，却以高额的利息压榨着大学生。而有些大学生因为抵挡不住诱惑，为了满足自己的私欲，从而掉入这个陷阱。案例中的小郑就是因为迷上了网络赌球，从而掉入了校园贷的陷阱中。不光赔上了自己的性命，还将数名同学在毫不知情的情况下也拉入了这个坑中，最终害人害己。大学生应当树立正确的价值观，不要因为一时的贪念害了自己。

四、校园贷的防范

2016年4月，教育部办公厅与中国银监会办公厅联合发布了《关于加强校园不良网络借贷风险防范和教育引导工作的通知》，明确要求各高校建立校园不良网络借贷日常监测机制和实时预警机制，同时，建立校园不良网络借贷应对处置机制。2017年7月，在中国银监会、教育部、人力资源社会保障部联合印发的《关于进一步加强校园贷规范管理工作的通知》中指出，暂停网贷机构开展校园网贷业务。

（一）认清校园贷的本质

大学生要加强防范意识，识别出网贷中的陷阱。通过不断学习网络知识，学会辨别不良信息，正确认识网络贷款，拒绝高额贷款的诱惑，坚决不做"卡奴""贷奴"。办理信用卡和网贷，虽然短期内获得经济上的高消费，但以后的日子里需为还款付出更多金钱和精力，更严重的会走上歧途，给自己的学业和未来生活带来影响。

（二）建立正确的消费观念

大学生处于人生起步阶段，人生观、世界观还未完全建立，又脱离了父母的监管，易受享乐主义、拜金主义等不良思想的影响。比如说攀比消费，平常花钱大手大脚，甚至有可能有赌博等其他一些不良的习惯。很多女大学生爱美容、爱买新款手机，因此不少"校园贷"公司如今开始与美容院、手机专卖店合作，将贷款与产品捆绑搭售，诱骗学生。这种环环相扣的校园贷"新骗局"，在全国都是大体相似的"套路"。因此，大学生应不断加强自身教育，树立正确的人生观、价值观，端正态度，根据自身情况理性消费，杜绝盲目攀比。

（三）用正确方式面对经济问题

节流的同时还需要开源，大学生通过参加学校组织的勤工助学等活动，不仅可以在一定程度上缓解经济压力，还可以发挥主观能动性，实现"自我教育、自我管理、自我服务"。大学生勤工俭学，不仅可以改善自己的经济条件，还能积累自己的工作经验，增长阅历。

阅读延伸

校园贷新骗局

安全之窗

大学生遭遇网络诈骗后如何调整心态

现在很多大学生因为被骗，无法承受打击而猝死的新闻越来越多，我们在谴责骗子的可恶时，也要多想想怎样才能加强大学生的心理素质。如果被骗了钱，内心后悔不已，需要怎样的心理辅导呢？

1. 学会原谅自己

学会原谅自己是非常重要的。大多数人被骗后更多是责备自己，认为若不是自己的愚蠢和疏忽，又怎么会上当受骗。其实，一个人上当受骗往往与智商的关系不大。诈骗者骗术层出不穷，善于利用当事人的心理弱点，被骗的也不止自己一个。

2. 换一个角度看问题，从中获得成长

大多数人都经历过上当受骗，有些人的损失可能更惨重，而随着巨款的失去，自我价值感也可能轰然倒塌。当事情发生在自己身上确实让人很难过，但这是我们人生经历和成长的过程，没有挫折，成长和成熟也是很慢的。

身体的健康是无价之宝，虽然失去了金钱，但还好身体无碍。总结了经验教训，绝不重蹈覆辙，还可以将经验教训传授给身边人，以防他人也受骗，这也是学习成长的机会，提醒我们看得开、放得下才拿得起。当学会换一个角度看问题时，我们会感觉收获很多，自我价值感得以重建，心态也就平衡了。

3. 寻找专业人士的帮助

若情绪特别恶劣，不知道如何缓解，需及时寻找专业心理咨询师的帮助，给予必要的心理疏导，从而放下受骗的伤痛，重新树立积极心态。

安全问答

电信网络安全知识测试题

第七章　重视防护，远离传染源
——卫生与健康

　　公共卫生，简单地说就是"公众的卫生"或者"公众的健康"。从内容上看，公共卫生包括食品卫生、医疗卫生、劳动卫生、环境卫生等多个领域。近年来，"毒豆芽事件""苏丹红事件""双汇瘦肉精事件"以及 H7N9 型禽流感等大型突发公共卫生事件频发，极易使大学生产生恐惧、焦虑、紧张等负面情绪，从而给高校公共卫生安全工作带来巨大压力。因此，让大学生了解一些在校学习、生活应具备的公共卫生安全知识尤为必要，这将有助于提高大学生健康积极地应对突发公共卫生事件的能力，从而为大学生的健康成长与生命安全保驾护航。

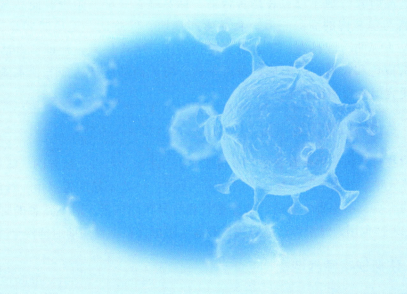

第一节　饮食卫生的重要性

饮食安全直接关系到大学生的切身利益与身心健康，也关系到家庭和社会稳定。目前，我国食品安全形势总体上是好的，但食品污染事件和食品中毒事故仍时有发生。因此，了解食物中毒及应对常识是保障饮食安全的重要之举。

一、保持良好饮食习惯

日常生活中，要养成良好的安全饮食习惯，购买或选择食品时一定要多加注意，保证质量安全。

（一）养成卫生的饮食习惯

饮食前要先洗手。双手每天接触各种各样的东西，会沾染病菌、病毒和寄生虫卵。饮食前认真用肥皂洗净双手，才能减少"病从口入"的可能。一些生的果蔬，在食用之前要用盐水清洗三次，能削皮的要削皮，能制作成熟食的最好不要生吃，防止病菌、寄生虫、残留农药进入体内。不认识、不了解的食物不吃。腐烂变质的食物要及时丢弃。

（二）购买食品时要仔细检查

购买食品时要特别注意包装是否合格、标签是否齐全，是否有商品名称或商品名称是否与包装内的商品一致。食品生产日期、保质期、保质时间是否合格，营养成分是否标明，配料表、净含量、单位名称、生产厂家、地址、电话是否齐全。食品的成色和长期食用的成色是否一致，有无商品质量认证等，不能图一时省钱购买便宜但不合格的食品。

（三）变质的食物不能食用

成品食物打开包装后要查看是否有腐败变质、生虫、污染、怪异的气味等情况。饮料有发酵气味、胀袋、沉淀物的不能购买。另外，不吃不熟的青豆角、鲜黄花菜，不吃发芽的土豆，不吃野生蘑菇、霉变粮谷和有异味的鸡蛋；对不熟悉的野生动植物不要随意采捕食用，海蜇等产品宜用饱和盐水浸泡保存，食用前应清洗干净。

（四）注意饮食营养均衡

饮食要合理搭配食物，才能做到营养均衡。合理搭配包括粗细搭配、荤素搭配等。配制合理的饮食就是要选择多样化的食物，使所含营养素齐全、比例适当，以满足人体需要。大学生身体正处于精力旺盛时期，每天都需要大量的营养物质。如果营养结构不合理，会使身体出现疲倦、无力、抵抗力下降等症状，从而增加发病率。

图 7-1　饮食要营养均衡

案例

某高校大学生李某，每天除了上课的时间，几乎都在宿舍打游戏，三餐基本都是吃汉堡，一天最多能吃四个。一个学期之后，李某从之前的 120 斤长到了 150 斤。体检时医生表示，再这样发展下去，李某很容易患上糖尿病。

分析

汉堡类的高热量食品对身体有比较大的危害：这类食品使大脑产生一种化学反应，使人上瘾。上瘾后，健康规律的饮食习惯就会被破坏，并且不易恢复，很多人肥胖就是由这个原因导致的。没有节制地吃高脂高糖食物，会导致体内荷尔蒙严重失衡，更有甚者还会形成暴饮暴食的习惯。

阅读延伸

食物与营养

二、外卖食品安全的防范

随着生活节奏的加快，外卖这一行业因其种类多、送货快的优点快速兴起，受到大学生群体的欢迎。方便快捷、种类丰富、折扣较多是这一行业的优点，但也存在一些需要完善的地方。

（一）外卖食品生产过程的安全隐患

外卖食品从商家生产、包装，到送餐员运送，最后送达顾客手中，中间经历了加工方和运送方。在加工方，如果商家没有将食材清洗干净，或者因食物没有做熟，顾客就很有可能吃坏肚子；或者商家为了获得更多的利益，购买"再加工"食品卖出，那么这些食品的卫生安全就得不到保障。在 2016 年和 2017 年的"3·15"消费者日里，就曝光过多家"外卖黑作坊"，这些不法商家为了确保外卖速度甚至在前一天就包装好了食品，当天运送前简单地加热就卖给消费者，这些食品放了大量调味品和香料，吃不出异味，但是却给食品安全带来很大隐患。

（二）外卖食品运输过程的安全隐患

根据《中华人民共和国食品安全法》，从事食品生产经营的相关人员必须拥有健康证，但是一些商家招募的送餐员并未办理，若这些人员携带传染性疾病病毒，就会对消费者的身体健康造成影响。

送餐员存放外卖食品的保温箱如果不经常清洗，里面会积累越来越多的油垢，这些油垢在保温箱内很容易滋生细菌，浸入外卖食品中，导致食品存在卫生问题。

（三）大学生要加强外卖食品安全辨识能力

大学生应在持有效《食品经营许可证》或《餐饮服务许可证》的外卖餐馆订餐，选择有实体店的外卖餐馆，切勿订购来历不明的外卖食品，自觉抵制"黑外卖"。在收到外卖送餐食后，一要先检查餐食包装是否完好、清洁，所配送餐食是否与订购餐品一致；二要当面查验餐食是否受到污染或出现变质，一旦发现问题，应当拒收。

大学生通过外卖订餐务必索取消费票据，留存交易凭证。如发现餐饮安全卫生问题，要做好证据留存，依法主动维权，并及时拨打食品安全投诉举报热线电话"12331"。

三、食物中毒综述

防止日常饮食发生食物中毒的关键是要做好预防工作。食品安全意义重大，涉及食品生产、仓储、运输和销售各个环节。日常的食物中毒原因主要包括：细菌性食物中毒、真菌毒素中毒、动物性食物中毒、植物性食物中毒、化学性食物中毒。

（一）细菌性食物中毒

细菌性食物中毒，指食用了被细菌或细菌毒素污染的食品。该类中毒情况占食物中毒的半数以上，所以做好细菌性食物中毒的防治工作是关键。细菌性食物中毒具有季节性、易感性、地域性。引起细菌性食物中毒的病毒主要有沙门氏菌、葡萄球菌、大肠杆菌、肉毒杆菌、肝炎病毒等。我国受特殊生活习惯的影响，食用畜禽肉、鸡蛋比较多，常会出现沙门氏菌食物中毒。

（二）真菌毒素中毒

真菌毒素中毒，指食用被真菌及真菌毒素污染的食物造成的中毒。真菌毒素是植物在生长过程中产生的代谢物，用一般的烹调方法不能消除毒素，所以在食用菌类食物时要仔细辨认，或者不食用可能被真菌毒素污染的食品。真菌毒素中毒具有明显的季节性、区域性。

（三）动物性食物中毒

动物性食物中毒，指食用带毒性的动物性食品造成的中毒。这种带毒动物性食品可能是动物本身就存在毒性，如河豚中毒、鱼胆中毒，或者是动物食品在加工过程中被自身毒素污染。

（四）植物性食物中毒

植物性食物中毒，指食用了有毒的植物食品发生的中毒。包括将植物的有毒成分食用，如桐油、发芽的马铃薯、苦杏仁等。还有就是食品制作过程中未能消除食物中的毒性，例如，豆子在加工成豆浆时如果没有煮沸即食用就会造成中毒。

图 7-2　发芽的马铃薯不能食用

（五）化学性食物中毒

化学性食物中毒，指食用了被"化学性毒药"污染的食品导致的中毒。如苹果上残留的农药、小麦上残留的除草剂、违禁的食品添加剂等。化学性食物中毒发病快、潜伏期短，病情严重，常伴随呕吐、腹泻、盗汗、乏力、头晕、呼吸困难等症状。

四、食物中毒救护

食物中毒后应排除未被吸收的毒物。催吐、洗胃、导泻与灌肠，在非细菌性食物中毒的抢救中极为重要，应及早进行。对肝硬化、心脏病和胃溃疡等患者，应禁止催吐和洗胃。

（一）不要盲目催吐

催吐可使残留在胃内的毒物迅速排出，多用于中毒发生不久、毒物尚未大量吸收的患者。但患者意识必须清醒，昏迷患者不宜采用此方法。可刺激咽部后给予催吐剂。常用的催吐剂由 2%—4% 温盐水、0.5% 硫酸铜组成，每次 100—200 毫升，或用吐根糖浆 15—20 毫升或碘酒 0.5 毫升加水口服，服用至胃内容物全部吐出为止。

图 7-3　食物中毒后先催吐

若超过两个小时，毒素太多已被吸收，催吐只能将体内，有益物质排出，加重体内水分和电解质缺失，恶化病情，所以不要盲目催吐。

（二）洗胃

洗胃可以彻底清除胃内未被吸收的毒物。洗胃进行得越早则越彻底，效果越好。某些食物中毒，如砷中毒和毒蘑菇中毒，摄入毒物后即使 4 小时以上，胃黏膜褶皱内仍可能有残留毒物，故应注意彻底清洗。即使就诊时间与摄取食物时间间隔较长，洗胃仍可起到一定作用。

（三）导泻与灌肠

如中毒时间较长，估计毒物已经部分进入肠内，洗胃后可服泻剂。已有严重腹泻者则不需要。常用的泻剂有硫酸镁或硫酸钠，其用量均为 15—30 克，加水约 200 毫升内服；也可用中药泻剂，如大黄与元明粉各 20 克煎服。如中毒已久，可用肥皂水或清水加温至 40℃左右，进行高位连续灌肠。

防止吸收和保护黏膜应用局部拮抗剂，直接与胃肠内尚未吸收的毒物发生作用，使其毒性降低或变为无毒，或减少毒物与胃肠黏膜接触的机会，延缓吸收。中毒后，应尽快使用拮抗剂。有些拮抗剂可与催吐或洗胃的液体结合使用，有些应在催吐、洗胃之后使用。因为催吐、洗胃之后，可能仍有一部分有毒物质在胃内残留，使用拮抗剂后，可以作用于胃，中和进入肠内的毒物。

（四）不要急于止泻

在腹泻不止的情况下，很多人会想如何止泻。但其实这时候不能急于止泻。腹泻是排出毒素的一种方式，是肌体防御功能起作用的一种表现，它可以排除一定数量的致病菌释放的肠毒素。所以在体内毒素排出后，遵循医嘱再吃止泻药为佳。

（五）补充液体和电解质

由食物中毒引发的呕吐、腹泻造成体液的大量损失，容易引起多种并发症，直接威胁患者的生命。所以在病发时，应尽早补充水分，饮用牛奶、果汁或一些高浓度的饮品，促进致病菌及其产生的肠毒素排出，减轻中毒症状。尽量不要喝白开水，如果实在没有牛奶、果汁等，才能用白开水。

食物中毒带来的上吐下泻，体内电解质大量流失，造成钾、钠、葡萄糖缺失，会引起新陈代谢失常，如果没有及时补充，就会加重恶心、呕吐症状，严重时可出现大汗、心跳过速、昏迷甚至死亡。可适量饮用牛奶、麦片粥等补充。

阅读延伸

防范食物中毒

第二节　了解流行性传染病

　　传染病是在人与人、人与动物、动物与动物之间传播的疾病，病原体比较复杂，种类繁多，包括微生物或寄生虫等。传染病历来是人类健康的重大威胁，直接影响社会稳定和国家长期发展，对人类社会的影响触目惊心。高校作为人员高度聚集地区，是传染病多发场所，传染病对大学生的危害不可小觑。因此，高校必须采取积极措施，从科学的角度认识常见传染疾病的病因、传播和预防措施，尽可能减少传染病给大学生造成的危害，维护校园和谐稳定，保证大学生健康学习、生活。

一、常见传染病的种类

　　《中华人民共和国传染病防治法》规定，目前我国的传染病分为甲类、乙类和丙类三大类。

　　甲类传染病，指鼠疫、霍乱。

　　乙类传染病，指传染性非典型肺炎、艾滋病、病毒性肝炎、脊髓灰质炎、人感染高致病性禽流感、麻疹、流行性出血热、狂犬病、流行性乙型脑炎、登革热、炭疽、细菌性和阿米巴性痢疾、肺结核、伤寒和副伤寒、流行性脑脊髓膜炎、百日咳、白喉、新生儿破伤风、猩

图7-4　历史上的鼠疫传染病

红热、布鲁氏菌病、淋病、梅毒、钩端螺旋体病、血吸虫病、疟疾。

　　丙类传染病，指流行性感冒、流行性腮腺炎、风疹、急性出血性结膜炎、麻风病、流行性和地方性斑疹伤寒、黑热病、包虫病、丝虫病，除霍乱、细菌性和阿米巴性痢疾、伤寒和副伤寒以外的感染性腹泻病。

案例

刘某，21周岁，是包头轻工职业技术学院大二学生。一天晚上，突然感到有点难受，去医院看了急诊。各项检查未发现异常，但是刘某症状不仅没轻，反而开始不停呕吐并流口水。在医生的询问下，刘某想起一个月前外出返校途中蹲在马路旁边系鞋带时被路边小狗咬过，之后没舍得花好几百元打狂犬病疫苗，在他看来，没出血应该就不严重。很快，刘某开始出现狂躁症状，青筋暴露不停嘶吼，将病房的床单被罩撕得粉碎。尽管医生尽力抢救，刘某还是离开了人世。

分析

一个年轻的生命，就这样离开了，留给家人的是伤痛，留给我们的是惋惜。从我国现有的狂犬病病例来看，狂犬病一旦发病，其病程发展很快，多数人在3—5天死亡，是一种病死率为100%的传染病。被猫、狗等动物咬伤或抓伤后，越早接种狂犬病疫苗越好，尽管一些动物看上去很健康，但也有可能携带狂犬病病毒。

阅读延伸

《中华人民共和国传染病防治法》公益宣传片

二、常见传染病及预防

（一）流行性感冒

流行性感冒是流感病毒引起的急性呼吸道感染，特征是季节性强、传播快、传染性强、范围广。

1.传播途径

流行性感冒的患者和该病毒的携带者都是流感的传染源，一些家畜如狗、牛、猪等也可以传播流感。一般的流感病毒通过空气传播，流感病毒常温下在空气中能维持生存30分钟。患流感的人的分泌物（唾液、鼻涕）中含有流感病毒，在打喷嚏、咳嗽、面对面讲话时会将流感病毒散播到周围空气中，易感人群接触后就可能感染，尤其是儿童、免疫力弱的人最容易感染。另外，接触流感患者的物品也可能感染。流感发病后1—7天传染性强，尤其是病初2—3天的传染性最强。

2.临床表现

典型流感发病比较快，病毒的潜伏期在数小时内，发病后表现为高热，体温可达到40℃左右，怕冷，病情一般要延续3天左右。一般流感发病平缓，潜伏期1—3天，发病后表现为畏寒、高热，伴有头痛、乏力、干咳、肌肉关节酸痛、咽喉疼痛、眼结膜充血，部分患者还会出现鼻塞、流涕，伴有恶心、脑膜炎、腹泻、食欲减退等症状，部分免疫力弱的儿童、老年人还会出现肺炎症状，胸透提示两肺有散在的絮状阴影，可因呼吸循环衰竭而死亡，病死率高。

3.预防措施

第一，控制传染源。流行性病毒的病原体一直处于变化之中，经常会有新的变体出现，因此高校要加强对流感的监控，掌握新近出现的流感病毒，并采取有效预防措施，做到"早发现、早报告、早隔离、早治疗"。

第二，接种疫苗预防。接种流感疫苗可在一定程度上减少流感的发病率。

第三，药物及时预防。日常用于治疗流感的药物也可用于预防，药物预防能有效控制病毒对人体的侵害。

第四，及时干预治疗。对已经感染流感的患者要及时采取措施隔离和治疗，就近设立流感诊室，及时隔离。流行期间避免大型集会和活动，易感人群尽量减少外出，房间注意通风保持空气新鲜，及时消毒。

案例

小文是浙江省一所大学的学生，为了复习备考，小文连续好几天熬夜，全身酸痛乏力，还出现发热的症状。当时，小文以为自己只是普通的"小感冒"，在宿舍里躺了两天，结果病情不但没有好转，反而越来越厉害，连续好几天咳嗽，体温达到40℃。小文赶紧去医院治疗，结果入院后不到半天，病情就迅速恶化，出现胸闷气急的症状，并且呼吸衰竭。小文转入ICU后，根据化验结果发现，确诊感染的是一种名叫MRSA的"超级细菌"。在医护人员抢救下，小文的病情最终一点点稳定下来。

分析

MRSA的医学全称是"耐甲氧西林金黄色葡萄球菌"，这是一种毒力很强的细菌。这种细菌引起的肺炎，患者大多为青少年，先期常常有流感样表现，病程呈爆发性。对于抵抗力较弱的人，特别是对患有多种慢性病如糖尿病、恶性肿瘤、血液淋巴系统疾病或长期使用激素等免疫抑制剂的病人及老人、婴幼儿等特殊人群来说，威胁更大。

（二）人感染高致病性禽流感

人感染高致病性禽流感，主要是由禽流感病毒的H5N1、H7N7等毒株引起

图 7-5　感染病毒的家禽

的人类急性呼吸道感染疾病。我国将其列为乙类传染病，并实行甲类传染病的防治管理措施。人感染高致病性禽流感主要通过携带该病毒的鸡、鸭、鹅等禽类传染。病毒的潜伏期在 7 天左右，通常为1—3 天。

1. 传播途径

人感染高致病性禽流感主要是通过人的呼吸系统传播，部分是由于易感人群经常接触患有禽流感或携带禽流感病毒的禽类及此类动物的分泌物、粪便、污水造成，或是因食用携带禽流感病毒的家禽肉制品。到目前为止，医学界还没有发现该种病毒在人和人之间传染，但在我国广东、江浙、安徽一带出现过聚集性发病的特例。

2. 临床表现

人感染高致病性禽流感，会出现不同的临床症状。根据临床观察，感染 H9N2 亚型的禽流感病毒患者一般表现为轻微的上呼吸道感染症状，大部分患者没有特殊的感觉；而相对于 H9N2 亚型的禽流感病毒，H7N7 亚型的禽流感病毒患者主要表现为结膜炎；比较严重的禽流感主要是由 H5N1 亚型的禽流感病毒造成的，患者主要表现为全身发热，同时可能出现流鼻涕、鼻塞、轻度咳嗽、咽喉疼痛、头痛、抽搐、全身肌肉酸痛不适等症状。有些患者还可能出现呕吐、腹痛、腹泻等消化道异常情况。严重时还可能出现晕厥、急躁、语无伦次等精神异常情况。特别严重时还可能会出现发高热、昏迷等危及生命的情况。临床观察发现所有感染禽流感的患者都存在明显的肺炎、咳嗽，并出现肺功能损伤、急性呼吸窘迫综合征、肺出血、胸腔积液、全血细胞减少、多脏器功能衰竭、休克及瑞氏综合征等多种并发症，可继发细菌感染，引发败血症等。治疗过程应坚持"及时隔离，积极治疗，因病用药，抗病毒治疗"原则。

3. 预防措施

防治人感染高致病性禽流感关键要做到"早发现、早报告、早隔离、早治疗"。"早发现"，是指当发现自己或周围同学出现肺炎、发热、咳嗽、呼吸困难等症状时，应立即到医院就医，减少传播，降低发病率；"早报告"，是指当发现人群中出现不明原因的发热、肺炎等疑似禽流感症状的患者时，要及时将该情况向学校或当地主管疾病预防的部门报告，及时备案，组织专家排查；"早隔离"，是指对人感染禽流感病例或疑似感染禽流感病例要及时隔离，对密切接触者也要进行隔离观察，控制禽流感病毒的传染，防止蔓延；"早治疗"，是指对已经确诊为感染者的，要及时采取正确措施开展治疗，有效防止病情恶化，减少损失。

（三）非洲猪瘟

非洲猪瘟是由非洲猪瘟病毒引起的一种急性、烈性、高度接触性传染病，病毒潜伏期长达三周，发病死亡率高，可达100%，严重危害养猪业。但非洲猪瘟不是人畜共患病，不会感染人，也不感染除家猪和野猪之外的其他动物。而且病毒在猪肉烹煮处理的过程中较易失活，在70℃—75℃的温度中加热30分钟以上，病毒就会被杀灭。

1. 传播途径

非洲猪瘟主要通过接触传播，也可经媒介昆虫叮咬传播。感染病毒的猪、猪肉和其他猪源产品（如泔水饲料）是重要的传染源。

2. 临床表现

非洲猪瘟症状与常见猪瘟相似，感染的猪会出现步态僵直，呼吸困难，腹泻或便秘，粪便带血，关节肿胀，局部皮肤溃疡、坏死等症状。

3. 预防措施

预防非洲猪瘟，需要做到"五要""五不要"。

"五要"指：要及时报告发现的可疑病例；要对进出猪场的人员和车辆彻底消毒；要对猪群实施全进全出饲养管理；要对新引进生猪实施隔离；要在调运生猪及其产品前按规定申报检疫。

"五不要"指：不要从发生疫情和周边省份调运生猪；不要让无关人员和车辆随意进出猪场；不要散放饲养，避免家猪与野猪接触；不要使用餐馆、食堂的餐厨垃圾（泔水）喂猪；不要随意处置病死猪。

案 例

2019年，在微信朋友圈里有一则消息，称辽宁省沈阳市的马某因吃了感染非洲猪瘟的猪肉，持续高烧不退，救治无效死亡。经调查，该传闻为不实报道，已被微信官方辟谣。

分 析

当时很多人谈"猪"色变，其实不必过度恐慌。非洲猪瘟虽然对生猪有致命危险，但对人没有致病性，属于典型的"传猪不传人"的动物疫病。我们日常烹饪过程中只要把猪肉加热熟透（包括最中间部位温度至少达到70℃以上），即使有病毒也会很快失去感染力并丧失活性，所以不要听信谣言。

（四）艾滋病

艾滋病的医学全称为"获得性免疫缺陷综合征"（英文缩写AIDS），是由艾滋病病毒（医学全称为"人类免疫缺陷病毒"，英文缩写 HIV）引起的一种严重传染病。艾滋病病毒侵入人体后，破坏人的免疫功能，使人体易发生多种感染和肿瘤，最终导致死亡。

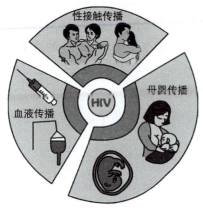

图 7-6　艾滋病传播途径

1. 传播途径

艾滋病病毒感染者一般经过平均 7—10 年的潜伏期，发展成为艾滋病患者。艾滋病患者发病前在外表上与常人无异，可以没有任何症状地生活和工作多年，但能将病毒传染给他人。艾滋病通过性接触、血液和母婴三种途径传播。与艾滋病病毒感染者或患者日常生活和工作接触不会被感染。艾滋病目前尚无有效疫苗和治愈药物，但已有较好的治疗方法，可以延长生命，改善生活质量。

2. 预防措施

艾滋病防治是一项社会性很强的工作，需要动员社会各方力量齐抓共管，更要加强艾滋病知识的普及教育。一方面要加强性道德教育，制止卖淫嫖娼等；另一方面要提高民众的自我防护意识，这是预防和控制艾滋病最有效的方法之一。

洁身自爱，遵守性道德，树立健康的恋爱、婚姻、家庭及性观念是预防和控制艾滋病传播，预防经性接触感染艾滋病的根本措施。性自由的生活方式、多性伴侣且没有保护的性行为可极大地增加感染、传播艾滋病的危险。不去非法采血站卖血，不涉足色情场所，不轻率地进出某些娱乐场所；任何场合都应保持强烈的预防艾滋病意识；不要存在任何侥幸心理；不要因好奇而尝试吸毒，有毒瘾者暂未戒除毒瘾前切勿与他人共用注射器。

应正确使用质量合格的安全套，不与他人共用剃须刀、牙刷等；不用未消毒的器械穿耳孔、文眉；尽量避免接触他人体液、血液，对被他人污染过的物品要及时消毒；必要输血时使用经艾滋病病毒抗体检验合格的血；医疗时使用经严格消毒的注射器及检查治疗器械。

注意与艾滋病患者的接触。给艾滋病患者采血及注射时，注射器应采用一次性用品，患者的血液、排泄物、污染的物品应彻底焚烧。患者的器皿及医用器械要专人专用，如患者的刮脸刀、牙刷、毛巾、茶杯等应专人专用，排尿、排便后要用肥皂洗手，可达到消毒的目的。

应禁止 HIV 抗体阳性者献血及提供其他体液。应告诉患艾滋病的妇女，不要口对口给婴儿喂食；月经期应特别处理好经血，不得使之污染他物；性生活时要采用安全套，以防感染他人。同时，尽量说服患者不要怀孕，因为怀孕期会将艾滋病病毒传染给后代。患者的性伴侣、配偶要定期进行艾滋病病毒抗体检查。

案例

2018年，在华东某市疾控中心艾滋病筛查实验室，工作人员登记了一名某985高校大学生的个人信息：刘明（化名），男，19岁……对刘明来说，这一年是他人生的分水岭：藏在他体内的艾滋病病毒被发现了。这种可怕的病毒什么时候进入的体内？他很轻易就想了起来，那是大一下学期期末。期末考试前的压力，让他和几个好友在周末去通宵网吧放松了一下，凌晨又到了KTV，3罐啤酒下肚，迷离的灯光下，他和一位刚认识的同性纠缠在一起……而那天距离他结束高考，仅仅一年。

分析

高校大学生，尤其是大一、大二学生，处在青春期迈向成人社会的十字路口。他们刚刚告别残酷的高考，高中期间严格的管理、无尽的考试和家长老师的约束突然没有了，在相对包容的"象牙塔"里，对性行为（尤其是同性性行为）感到新鲜，就想"尝试一下"，但他们并不知道其中的风险。男性同性性传播是大学生群体艾滋病疫情的一大特点，从2008年到2014年，青年学生中新报艾滋病感染数从482例上升到2552例，其中传播途径以男性同性性传播的比例由58.5%飙升至81.6%。

阅读延伸

共同参与防艾滋

（五）新型冠状病毒

2019年底，新型冠状病毒感染的肺炎来势汹汹。2020年2月7日，国家卫生健康委发布通知，将"新型冠状病毒感染的肺炎"暂命名为"新型冠状病毒肺炎"，简称"新冠肺炎"；英文名称为"Novel Coronavirus Pneumonia"，简称"NCP"。2020年2月11日，世界卫生组织总干事谭德塞在瑞士日内瓦宣布，将新型冠状病毒肺炎的英文名正式命名为"COVID-19"。此病毒是一种动物源性病毒，目前尚无特效药。

1. 传播途径

新型冠状病毒肺炎的主要传播途径是呼吸道飞沫和密切接触传播。在相对封闭的环境中，长时间暴露于高浓度气溶胶情况下，也存在经气溶胶传播的可能。

呼吸道飞沫传播是指患者喷嚏、咳嗽、说话的飞沫，呼出的气体近距离直接吸入导致的感染；密切接触传播是指飞沫沉积在物品表面，接触污染手后，再接触口腔、鼻腔、眼睛等黏膜，导致感染；而气溶胶传播是指飞沫混合在空气中，形成气溶胶，吸入后导致感染。

2. 临床表现

大多数患者的表现以下呼吸道症状为主，常见临床表现包括发热、四肢乏力、干咳等症状，其他表现包含鼻塞、流鼻涕、头痛、咽痛、咳血，咳痰、或腹泻等。有部分患者仅表现为低热、轻微乏力等，无肺炎表现。还有部分患者无任何临床表现。重症患者会引发多种并发症，包含急性呼吸窘迫综合征、脓毒症休克、全身炎症反应综合征、难以纠正的代谢性酸中毒、急性心肌损伤，和出凝血功能障碍等。

3. 预防措施

根据国家卫健委公布的新型冠状病毒感染肺炎的预防指南，应做到以下预防措施。

（1）尽量减少外出活动，尽量在家休息，减少到人员密集的公共场所活动，尤其是空气流动性差的地方，例如公共浴池、温泉、影院、网吧、KTV、商场、车站、机场、码头、展览馆等。

（2）若外出前往公共场所、就医和乘坐公共交通工具时，一定要佩戴口罩。注意减少接触公共场所的公共物品和部位；从公共场所返回、咳嗽手捂之后、饭前便后，用洗手液或香皂流水洗手，或者使用含酒精成分的免洗洗手液；不确定手是否清洁时，避免用手接触口鼻眼；打喷嚏或咳嗽时，用手肘衣服遮住口鼻。

（3）主动做好个人与家庭成员的健康监测，自觉发热时要主动测量体温。家中有小孩的，要早晚摸小孩的额头，如有发热要为其测量体温。

（4）若出现新型冠状病毒感染可疑症状（包括发热、咳嗽、咽痛、胸闷、呼吸困难、轻度纳差、乏力、精神稍差、恶心呕吐、腹泻、头痛、心慌、结膜炎、轻度四肢或腰背部肌肉酸痛等），应根据病情，及时到医疗机构就诊。

（5）保持良好卫生和健康习惯，居室勤开窗，经常通风，家庭成员不共用毛巾，保持家居、餐具清洁，勤晒衣被，家庭备置体温计、口罩、家用消毒用品等物资。

（6）不随地吐痰，口鼻分泌物用纸巾包好，弃置于有盖垃圾箱内。

（7）注意营养，适度运动，不要接触、购买和食用野生动物（即野味）；尽量避免前往售卖活体动物（禽类、海产品、野生动物等）的市场。

（8）有疾病流行地区居住旅行史人员应尽快到所在村支部或社区进行登记，减少外出活动，尤其是避免到人员密集的公共场所活动，并且从离开疾病流行地区的时间开始，连续14天进行自我健康状况监测，每天两次，条件允许时，尽量单独居住或居住在通风良好的单人房间，并尽量减少与家人的密切接触。若出现可疑症状应根据病情及时就诊。

案例

2020年1月22日，武汉学院会计专业大三学生郭岳，寒假期间从武汉回河北黄骅老家。当时他没有明显的感染症状，但上飞机前还是做好了充足的防护，戴了三层口罩和手套。两个小时的行程中，郭岳没有摘下口罩、手套，没有和任何人交谈。飞机落地后，他提前打电话给父亲，让父亲带上酒精，把自己全身和行李都消毒一遍。回到家后，郭岳主动联系社区说明情况，然后把自己隔离在了卧室。两天后，他收到同学确诊的信息，想到自己曾出现过咳嗽，于是马上联系社区，说明了情况，当天就前往医院进行隔离。1月29日，郭岳确诊，但由于其隔离工作做得很好，家中无一人被感染。经过治疗，郭岳康复出院。但他并没有放松警惕，而是选择出院后继续在家里的车库隔离28天，以保证家人安全。

分析

郭岳不仅在确诊前做好了隔离工作，甚至在出院后还继续隔离28天以确保自己完全康复，不会感染身边其他人。正是他如此负责的态度，使得身边与他接触的人，无一人被感染，这不仅是对自己负责，也是对他人、对这个社会负责。这份利他之心，难能可贵。郭岳在这个特殊时期，书写了新时代大学生的生命篇章。

阅读延伸

2020新型冠状病毒纪录片：《我们在一起》

三、高校公共卫生事件的防范

（一）校园传染病流行的特点

1. 学校中容易发生传染病

大学生的免疫功能尚不完善，抵御各种传染病侵袭的能力比较低，所以对传染病的易感性较高，容易发病。学校是传染病易感人群集中的场所，几十个人集中在一间教室里学习、生活，密切接触，如果卫生制度不健全、卫生习惯不好，一旦有了传染病病人，便具备了传染病传播和流行的基本条件。

2. 学校是传染病的集散场所

学校是社会的一个特殊组成部分，大学生从各自家庭汇集到学校，传染病容易被他们带进学校，并因相互接触传播而使更多的易感者感染。感染的大学生作为新的传染源，从学校又分散到各自的家庭或亲朋邻居中，将传染病从学校带入社会，使学校成为传染病的集散场所。这样，传染病不仅在学校中发生和流行，同时也扩大了社会上传染病的流行范围。因此，做好学校传染病的防治对于大学生的健康成长及整个社会具有重要意义。

3. 学校易有传染病爆发和流行

传染病的流行过程取决于传染源、传播途径和人群易感性的高低。在学校中易感人群集中，传染源又容易进入学校，所以传播机会极易实现。如呼吸道传染病通过咳嗽、打喷嚏、唱歌、读书和说话等带出有病原体的飞沫悬浮于空气中随大学生的呼吸而传播，如果大学生的易感性很高就可引起流行或爆发；肠道传染病在学校中流行主要是由于学校卫生条件差，通过水、厕所及大学生的手互相接触传播。另外，学校组织共同的特殊活动如野外露宿，若缺乏防护，可引起乙脑、疟疾等虫媒传染病的发生和流行；到被污染的河塘中游泳，可引起钩端螺旋体病的流行。

（二）预防传染病的一般措施

1. 控制传染源

不少传染病在发病前就已经具有了传染性，当发病初期表现出传染病症状时，传染性最强。因此，对传染病病人要尽可能做到早发现、早诊断、早报告、早治疗、早隔离，防止传染病蔓延。患传染病的动物也是传染源，要及时处理。

2. 切断传播途径

切断传播途径的方法，主要是讲究个人卫生和环境卫生。注意个人卫生可以消灭传播疾病的媒介生物，对生活、工作的环境进行必要的消毒工作等，可以使病原体丧失感染健康人的机会。

图 7-7　保持环境整洁防范传染病

3. 保护易感者

在传染病流行期间应该注意保护易感者，不要让易感者与传染源接触，并且进行预防接种，提高易感人群的抵抗力。对易感者本人来说，应该积极参加体育运动，锻炼身体，增强抗病能力。

4. 养成个人卫生习惯

大学生在生活中要注意个人卫生，好的个人卫生习惯也有助于疾病的防范。平时要做到勤洗头、勤洗澡、勤换衣、勤剪指甲、勤理发、饭前便后洗手，不偏食、不暴食，少吃零食，早晚刷牙，不与他人共用毛巾和水杯，养成不喝生水、不随地吐痰、不抽烟、不喝酒的好习惯；内衣内裤要勤换洗、贴身衣物要保持干净，生活做作息要有规律，注意劳逸结合。另外，不管是住在宿舍还是在外面租房，都要经常打扫，保持室内通风，房间要定期消毒，使居住环境健康安全。

第三节　医疗用药安全

吃五谷，生百病。生病对于人们来说是再正常不过的事了，一旦生病，就得求医用药。但医疗用药也存在安全问题，大学生在医疗用药过程中应注意合理就医和用药，处理不当的话则会造成"一病再病"。

一、大学生就医安全

随着人们物质生活水平的提高，对健康的品质要求也越来越高，安全就医用药也成为人们关注的热点问题。作为在校大学生，往往缺少各种就医常识，导致一些安全问题。

（一）防"医托"，当心温柔陷阱

千万不要轻信车站、大医院门口的"医托"。"医托"往往假装热情地列举一大堆"实际"例子，用花言巧语向患者极力推荐某医疗机构或某位特定的医生。专家提醒，就医前要选择好就医单位，直接到正规的医疗机构就医问药。如对医疗机构及其医务人员的执业资格有怀疑，可拨打市、区卫生局医政科的电话进行咨询。

（二）看证件，选择合法医疗机构

就医要到正规的医疗机构，不应贪图方便和便宜到一些私人诊所看病治疗。合法医疗机构，是指经各级卫生行政部门批准设立并进行登记注册，领取了由卫生行政部门核发的《医疗机构执业许可证》的机构。患者就诊前应留意医疗机构是否在醒目位置悬挂了《医疗机构执业许可证》，注意证件是否过期，并仔细查看证件上标

图 7-8 《医疗机构执业许可证》

注的允许开展的诊疗科目，不要到无证或超范围诊疗的医疗机构看病。

（三）留证据，保存好医疗凭证

患者就医后要妥善保存相关医疗凭证，包括门诊病历、各种检查和化验报告、收费票据等。一旦权益受到侵害，可凭这些凭证通过相关途径维护自己的合法权益。

有些医疗机构拒绝向患者提供以上凭证，患者应积极索取，发现问题及时向有关部门举报。

（四）防上当，留心街头义诊

按照相关规定，组织义诊活动的主体必须是合法的医疗机构，义诊活动要在批准的时间、地点开展，参加义诊的医务人员应佩戴医疗机构统一印制的胸卡，且在义诊活动中不允许有销售、推销等行为。

对在街头或居民区开展流动性免费量血压、诊断心脑血管病等疾病的流动性医务人员，要留意其是否是为了推销产品，并注意鉴别其是否有行医执照，谨防上当。

图7-9 不要轻信街边
医疗广告

（五）辨真假，细心识别医疗广告

正确辨别医疗广告。切勿轻信无证、违规医疗广告宣传。按照有关规定，发布医疗广告的主体必须是正规医疗机构，没有取得《医疗机构执业许可证》的单位一律不得发布医疗广告。此外，在发布广告内容的同时，还要刊登医疗广告的批准文号，并且不得有保证治愈或者隐含保证治愈的内容。

案例

2016年，西安某高校大学生魏某因在某网站推荐的武警北京市总队第二医院接受了未经审批且效果未经确认的治疗方式，导致耽误正确治疗，最终魏某于4月12日不治去世。

分析

> 大学生一旦发现身体出现异常，多数会上网搜索病情及相关医院。如果不是急诊，一定要先了解一下医院再去看病。这样，就可以从源头加以控制，降低上当受骗的风险。正规医院的主页上一般不会有漫天飞舞的浮动窗口，如果把某种治疗方法（很有可能是错误的或过时的）无限放大，也要警惕。

二、大学生用药安全

用药安全就是对患者个人的基因、病情、体质、家族遗传病史和药物的成分等做全面检测，准确地选择药物，真正做到"对症下药"。同时，以适当的方法、适当的剂量、适当的时间准确用药，注意药物的禁忌、不良反应、相互作用等。这样就可以做到安全、合理、有效、经济地用药。大学生普遍认为自己拥有健康的身体，所以经常不注意用药安全，随意用药。

（一）安全用药意识不强

多数大学生常自备药品，但不少大学生感到不舒服时就服药，甚至有的大学生想吃药就吃药，只有少数大学生在吃药前经过医生确认。还有相当一部分大学生等病情严重、自己认为需要时才服药；在服药前，少数大学生会认真阅读说明书，更多的只是大概看一下说明书，或者不看说明书。对于药品是否过期，大部分大学生服药前不会关注，当用药遇到不良反应时，多数大学生会选择寻求医生救助，但仍有一部分大学生选择询问别人、忍受观察，甚至不理会。

（二）缺乏用药知识

很多大学生对非处方药一无所知，对药品的商品名和通用名也不完全了解。在自购药品时多数大学生根据药师意见选择购药，但自我决定的仍然不在少数，还有些人是看广告和听别人的意见。在就诊时是否应该向医生说明已经用过的药物时，多数大学生选择说明，但也有不少大学生不知道说明。

案例

广东江门的一名18岁女生同吃两种感冒药后离世。据悉，该女生服用的罗红霉素缓释胶囊与复方甲氧那明胶囊会致人茶碱中毒。

分析

一些人认为，生病后多吃几种药会好得更快，还有些人随意加大或减少用药剂量。其实，这些做法均属于用药误区，容易危及健康。含同种成分的药品不能重复服用，如许多感冒药中都含有乙酰氨基酚的成分，如果将多种感冒药同时服用，可导致对乙酰氨基酚服用量过大，易发生不良反应，甚至造成肝损伤。选购药品时，应先识别药品通用名，弄清药物是否存在成分相同的情况，以免买错药或重复用药导致严重后果。

三、药物的正确选用

（一）确诊病症

大学生应当先确诊自己是什么病，然后再对症下药，不能只凭自我感觉或某种症状就随便用药。比如发热、头痛，是许多疾病共有的症状，不能简单地服一些止痛退热药完事；又如腹痛，也是一些疾病的共有症状，如果不分青红皂白地使用止痛药，就会耽误病情而造成严重后果。

（二）如何安全用药

人们常说，药物是一把双刃剑，一方面它能解除疾病带给患者的烦恼；另一方面如果使用不当，它会给患者带来更大的痛苦。如何正确、安全的用药，是大学生需要掌握的知识。

1. 牢记自己及家人的药物过敏史

一定要牢记自己和家人的药物过敏史，以避免发生药物过敏反应发生药物过敏时，患者常表现为肢体上出现皮疹、红斑、荨麻疹，或出现发热、血管神经性水肿等情况，

图 7-10　正确使用药品　严重者可发生过敏性休克从而危及生命。临床上比较容易引起人体产生过敏反应的药物有青霉素、头孢、阿司匹林等。因此，在医生开药时，一定要说明自己的情况。

2. 不能过量用药

许多人都有这样的观点，认为如果大剂量地用药可以使疾病好得快一些。其实，这种观点是不对的。因为增加用药剂量，同样也会增加药物毒性反应的发生概率。一旦发生药物毒性反应，会对患者的中枢神经系统、消化系统及血液系统造成损害。而且过量用药，还会使人体内的药物浓度增高。如果人体的药物浓度超过了人体的代谢能力，药物会积聚在肾脏内，使肾功能受损。临床观察证实，随意增加药物剂量是导致患者发生药物性肝、肾损害的罪魁祸首。

3. 要科学地存放药品

药品要放在通风阴凉的地方，要把内服药和外用药分开存放，安眠药要单独存放。

4. 要及时清理家中过期、失效的药品

如果发现家里的药品已过有效期、口服液出现漏液和酸败、药片已经破裂、变色或者霉变、消毒敷料的包装出现破损等情况，一定要及时将药品扔掉。另外，眼药水开封后超过一个月也要注意更换，不要继续使用。

5. 仔细阅读药品说明书

药品说明书上关于药品的有效期、用法用量、适应证、禁忌证、副作用、注意事项、贮藏方法等都有详细的介绍，这些是安全用药必须了解和掌握的。在拿到药时，一定要跟医生问清楚用药方法，谨遵医嘱，切不可盲目用药。

 阅读延伸

日常用药安全

 安全之窗

艾滋病患者的心理疏导

从得知感染艾滋病初期的否认、侥幸以及伴随的反复检查、质疑与幻想，到抱怨、愤怒以及伴随的寝食不安、吸烟酗酒，甚至使用毒品、报复社会或他人的想法和行动，到接受、悔恨，担心被家庭、社会孤立，甚至遗弃的恐惧，对未来生活丧失信心的忧郁、绝望，最后到冷静、反思、重返社会、积极治疗，艾滋病患者或者艾滋感染者，经历着巨大的痛苦，承受着常人难以想家的心灵煎熬。

心理专家表示面对艾滋病，我们应该好好调节自己的心理。

对社会和自己的信任

怨恨与报复并不能消除社会的偏见，当我们不再尊重别人的时候，也就不能期待别人对我们的尊重，我们以一种什么样的形象示人，会在很大程度上决定周围人对我们的看法。美国电影《费城故事》讲述了一个艾滋病患者，如何面对社会的偏见，依据法律争取自己应有的权益的故事，相信没有观众看后会因为主角是艾滋病患者而歧视他，反而会由衷敬佩他的勇气。

面对现实

否认是我们心理上的自我保护方式，在不幸发生后的短时间内，对于健康的护卫是有益的，长时间的否认将使我们的心理陷入更深的冲突，而且延误早期治疗的宝贵时间，身体里存在的艾滋病不会因为你不承认它们而消失，所以必须争取时间，尽早治疗，目前证实，越早期治疗预后越好。

积极行动

有些患者或感染者在焦虑、忧郁中度日，有些在自暴自弃中放纵，有些在平静中生存，而越来越多的人在积极的抗争中生活。选择怎么样的现在，就是选择怎么样的未来，这对于任何人来说，都是正确的。

此外，体育锻炼是简便易行的自我调节方法。通过锻炼，增强体质，同时使自己紧张、忧郁的心情得到放松和调整。

现在，国内外越来越多的心理学家正采取各种心理治疗方法，帮助艾滋病患者及艾滋感染者。必要时，求助于心理咨询师或心理治疗师是恰当的选择。

安全问答

卫生与健康知识测试题

第八章　面对天灾，从自救开始
——自然灾害防范

　　自然灾害的种类繁多，比较常见的有地震、水灾、雷击、台风、滑坡、暴风雪等。这些自然灾害事故破坏性极大，会对人身安全造成极大威胁。我国是世界上自然灾害最严重的国家之一，自然灾害种类多、发生频繁。大学生通过学习自然灾害相关常识，能够在灾难来临时紧急避险，保障自身生命安全，而且在必要时能够对他人进行救助。

第一节　地质灾害

　　地质灾害主要是指在地球内动力、外动力或人为地质动力作用下，发生异常能量释放、物质运动、岩土体变形位移以及环境异常变化等，危害人类生命财产、生活与经济活动或破坏人类赖以生存与发展的资源、环境的现象或过程。地质灾害主要是由地质动力活动或地质环境异常变化引起的。常见的地质灾害主要有地震、泥石流、滑坡等。

一、地震灾害

　　地震是经常发生的有规律的自然现象，是地壳运动的一种特殊形式，是地下岩石发生破裂并释放弹性波传到地表所引起的振动。地震发生时间短，具有突发性，破坏力大，会给人类生命财产造成严重损失。据有关部门统计，地震灾害造成的伤亡人数占自然灾害伤亡人数的一半以上。我国是世界上陆地国家地震灾害最为严重的国家之一，发生地震的次数约占全球的33%。地震所引起的地面振动是一种复杂的运动，它是纵波和横波共同作用的结果。在震中区，纵波使地面上下颠动，横波使地面水平晃动。由于纵波传播速度较快，衰减也较快，横波传播速度较慢，衰减也较慢，因此离震中较远的地方，往往感觉不到上下跳动，但能感到水平晃动。震级指地震的大小，是根据地震仪对地震波所作的记录计算，以地震仪测定的每次地震活动释放的能量多少来确定的。地震越大，震级的数字也越大。

图8-1　地震是严重的自然灾害

（一）地震的成因与类型

　　地震的成因一直以来都是地震学科中的一个重大课题。地震按成因可以分为以下四种类型。

1.构造地震

　　由于地壳运动引起地壳岩层断裂、错动而发生的地壳震动，称为构造地震。地球不停地运动变化，使地壳内部产生了巨大的应力作用。在地应力长期缓慢的作用下，地壳的岩层发生弯曲变形，当地应力超过岩石本身所能承受的强度时便会使岩层断裂错动，其巨大的能量突然释放，形成构造地震。这类地震发生的次数最多，破坏力也最大，占全球地震数的90%以上。

2. 火山地震

由于火山活动时岩浆喷发冲击或热力作用而引起的地震，称为火山地震。地震和火山往往存在关联。火山爆发可能激发地震，而发生在火山附近的地震也可能引起火山爆发。一般而言，这类地震影响范围不大，发生得也较少，约占全球地震的7%。

3. 陷落地震

由于地下水溶解可溶性岩石（如石灰岩），或由于地下采矿形成的巨大空洞，造成地层崩塌陷落而引发的地震，称为陷落地震。这类地震约占地震总数的3%，震级比较小，引起的破坏也较小。

4. 诱发地震

由某种地壳外界因素诱发而引起的地震，称为诱发地震。这些外界因素可以是地下核爆炸、陨石坠落、油井灌水、水库蓄水等，其中最常见的因素是水库蓄水。水库蓄水后改变了地面的应力状态，且库水渗透到已有的断层中，起到润滑和腐蚀作用，促使断层产生滑动而形成水库地震。但是，并不是所有的水库蓄水后都会发生水库地震，只有当库区存在活动断裂、岩性刚硬等条件时，才有诱发地震的可能性。

阅读延伸

探索地震成因

（二）地震的灾害

地震灾害可分为原生灾害、次生灾害和诱发灾害三类。

1. 原生灾害

原生灾害，是指地震直接引发的地表破坏、各类建筑结构的破坏以及由此引发的人员伤亡与经济损失。原生灾害有三种类型：一是对震区内居民生命安全的影响，比如人员被砸、被撞、被困、被埋等；二是对建筑物的破坏，比如桥梁断裂、房屋倒塌、水坝开裂等；三是对地面的破坏，比如地面裂缝、塌陷等。

2. 次生灾害

次生灾害，是指由地震破坏而间接引起的火灾、水灾、海啸、滑坡、泥石流、爆炸、放射性污染、有毒液体和气体的外溢泄漏等。有时，次生灾害造成的损失比原生灾害还大，最常见的就是火灾。

3. 诱发灾害

诱发灾害，是指因地震而引起的各种社会性灾害，如饥荒、瘟疫、社会动乱及人的心理创伤等。

（三）地震的避险与自救

近年来，地震频发，已引起社会各界的关注，相关部门也越来越重视防震救灾工作。虽然我国已初步建立了防震减灾管理体系，包括地震逃生在内的演习，但是每年参与演习的人数毕竟有限。所以，为了在遇到地震时不慌乱，我们需要懂得一些自救知识。

1. 在校内遇到地震

图 8-2　地震时先要保护头部

如正在上课时发生地震，可在教师指挥下就地躲在桌椅旁或靠墙根趴下避险。如教室是平房，座位离门窗较近的学生可迅速从门窗逃出室外；离门窗较远的学生可迅速抱头、闭眼，躲在各自的课桌下。在操场或室外时，可原地不动蹲下，双手保护头部，注意避开高大建筑物或危险物，不要回到教室。首震后应立即有组织地撤离，必要时应在室外上课。

在楼房里的学生，遇震时千万不要乘坐电梯。即便地震发生时已经在电梯内，也应就近停下迅速撤离。不要乱挤乱拥，千万不要跳楼！不要站在窗外！不要到阳台上去！应迅速躲进跨度小的空间。

2. 在校外遇到地震

在校外遇到地震要保持镇静，不能拥挤乱跑，地震波过后应迅速组织有序的撤离。已经脱险的人员，震后不要急于回屋，以防余震。若在影院或商场，来不及撤离的人员，应选择卫生间等空间小的地方避震；也可以躲在承重墙墙根、墙角、坚固的家具旁等易于形成三角空间的地方；抑或是在有水管和暖气管道等处蹲下或坐下，保护好头部。要远离外墙、门窗和阳台，不要使用电梯，更不能跳楼，应尽快关闭电源、火源。

正在野外活动时，应尽量避开山脚、陡崖，以防滚石和滑坡；正在海边游玩时，应迅速远离海边，以防地震引起的海啸；正在驾车行驶时，应迅速躲开立交桥、陡崖、电线杆等，并尽快选择空旷处立即停车和离开。

3. 被困人员自救

身体遭到地震伤害时，应设法清除压在身上的物体，尽可能用湿毛巾等捂住口鼻防尘、防烟；用石块或铁器等敲击物体与外界联系，不要大声呼救，注意保存体力；设法用砖石等支撑上方不稳的重物，保护自己的生存空间。

参加震后搜救时，应注意搜寻被困人员的呼喊、呻吟和敲击器物的声音；找到被埋压者时，要及时清除其口、鼻内的尘土，使其呼吸畅通；发现幸存者但解救困难时，首先应输送新鲜空气、水和食物，然后再想其他办法救援。参与救援时，要掌握基本的救援知识，最好随专业救援队一起施救。

▶ **案例**

22岁的王源是西藏民族大学旅游管理专业一名大三学生。2017年暑假期间，他和9名同学被分配到九寨沟饭店实习。8月8日晚9时许，当他看到饭店更衣室的墙皮脱落、顶灯掉落时，立刻意识到发生了地震。王源下意识地将身边的两个男童藏在更衣室的沙发下边。而此时，另外两名男童也惊慌失措地跑进更衣室，他跑过去将两个孩子带到沙发旁，让一个孩子躲在沙发下。十几秒后，等不太晃动了，王源带着4个孩子从位于饭店2楼的男更衣室往下跑。将4名男童安全交给同事后，王源又逆着人流返回饭店去找分在同一组实习的其他同学。

▶ **分析**

> 在这样危急的时刻，冒着生命危险主动救人，王源真的是当代大学生见义勇为的楷模。地震来临时，在高楼层的人最好不要盲目逃命，首先因为下楼要花很多时间；其次在高层走楼梯的话很有可能被掉下来的建筑构件砸伤，增加中途受伤的概率。而在较低楼层的人可以选择先离开建筑，然后找空旷地等待救援。

阅读延伸

地震自救知识

二、泥石流灾害

泥石流是介于流水与滑坡之间的一种地质灾害。典型的泥石流由悬浮着粗大固体碎屑物并富含粉沙及黏土的黏稠泥浆组成。在适当的地形条件下，大量的水体浸透山坡或沟床中的固体堆积物质，使其稳定性降低，饱含水分的固体堆积物质在自身重力作用下发生运动，就形成了泥石流。

（一）泥石流的成因

泥石流一般发生在半干旱山区或高原冰川区。这里的地形十分陡峭，泥沙、石块等堆积物较多，树木很少。一旦暴雨来临或冰川解冻，大大小小的石块有了足够的水分，便会顺着斜坡滑动起来，形成泥石流。

泥石流的形成原因比较复杂，主要需要以下三个条件。

1. 地貌条件

泥石流的地貌一般可分为形成区、流通区和堆积区三部分。地形倾斜度是泥石流是否能形成的主要因素，据实地考察，倾斜度必须大于15度才可能发生泥石流。

2. 地质条件

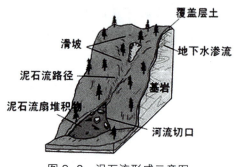

图 8-3　泥石流形成示意图

泥石流通常发生于地质构造复杂、断裂褶皱、新构造活动强烈、地震烈度较高的地区。第一，地表岩石破碎、崩塌、错落、滑坡等不良地质现象发育，为泥石流的形成提供了丰富的固体物质来源。第二，岩层结构松散、软弱、易于风化、节理发育或软硬相间成层的地区，因易受破坏，为泥石流提供了丰富的碎屑物来源。第三，一些人类工程活动，如滥伐森林、开山采矿、采石弃渣等均会造成泥石流，往往也为泥石流提供了大量的物质来源。

3. 水源条件

水既是泥石流的重要组成部分，又是泥石流的激发条件和搬运介质（动力来源）。其主要有暴雨、长时间的连续降雨、冰雪融水和水库溃决水体等。

（二）泥石流的危害

泥石流的特点通常表现为暴发突然，来势凶猛、迅速，并且兼有崩塌、滑坡和洪水破坏的多重作用，其危害程度比单一的崩塌、滑坡和洪水更为广泛和严重。泥石流对人类的危害主要表现在以下四个方面。

1. 对居民点的危害

泥石流最常见的危害之一便是冲进乡村、城镇，摧毁居民房屋、工厂、企事业单位及其他场所设施。淹没人畜、毁坏土地，严重时甚至造成村毁人亡的灾难。

2. 对交通的危害

泥石流可直接埋没车站、铁路、公路，摧毁路基、桥涵等设施，致使交通中断，还可引起正在运行的火车、汽车颠覆，造成重大的人身伤亡事故。

3. 对水利、水电工程的危害

泥石流可冲毁水电站、引水渠道及过沟建筑物，淤埋水电站尾水渠，并且淤积水库、磨蚀坝面等。

4.对矿山的危害

泥石流可摧毁矿山及其设施、淤埋矿山坑道、伤害矿山人员、造成停工停产，甚至使矿山报废。

（三）泥石流的避险与自救

1.雨天不要在沟谷中长时间停留

雨天不要在沟谷中长时间停留，一旦听到上游传来异常声响，应迅速向两岸上坡方向逃离。雨季穿越沟谷时，先要仔细观察，确认安全后再快速通过。山区降雨普遍具有局部性特点，沟谷下游是晴天，沟谷上游不一定也是晴天，"一山分四季，十里不同天"就是对山区气候变化无常的生动描述，即使在雨季的晴天，同样也要提防泥石流灾害。

2.及时避开泥石流区域

避开泥石流，应选择在较高的基岩台地、低缓山梁上等安全处修建临时避险棚，切忌建在沟床岸边、较低的阶地、台地及坡脚、河道拐弯的下游边缘地带。遭遇泥石流时，要立即选择与泥石流垂直的方向沿两侧山坡往上爬，爬得越快越高越安全。不要顺泥石流的方向往下跑，也不要爬树，更不要停留在低洼处。

图8-4 遇到泥石流要去往高处

3.陷入泥石流时不要挣扎

泥石流非常危险，一旦陷入其中很难摆脱，万一不幸陷入其中，不要慌张，要大声呼救，并及时向后边的人发出警告，然后将身体后倾轻轻躺在泥潭里，同时张开双臂，十指张开，平贴在地面上慢慢将陷入泥潭的双脚抽出来，切忌用力过猛过大，避免陷得更深。然后采取仰泳的姿势向安全地带"游"过去，尽量以轻柔缓慢的动作进行，千万不要惊慌挣扎。

阅读延伸

泥石流来袭应如何自救

▶ **案例**

2017年6月，某大学几名大学生从成都出发到阿坝州毕业旅游。在出发时，曾有当地群众劝阻他们近期山路比较危险，然而几名大学生并没有听从劝阻，强行挪开路障贸然前行。当行至金小路金川境内的黄沙坡路段时，由于泥石流导致道路损毁，车辆深陷泥石流中无法动弹，几名大学生在多次尝试自救无果后，沿着公路走了近2000米找到移动信号报警求助。第二天凌晨，金川县公安局勒乌派出所在接到报警后，冒雨上山将几名大学生转移回县城。

分析

> 　　大学生出行前一定要关注地质灾害气象风险预警，事先规划好路线，了解当地的情况。西南山区道路在雨季常有泥石流的安全隐患，出行要尽量选择安全的路线，不要贸然选择不熟悉的道路出行。事后，救援人员对几名大学生进行了批评教育，几名大学生也认识到了自己鲁莽行事带来的严重后果，将吸取此次教训引以为戒。

三、滑坡灾害

　　滑坡，是指斜坡上的土体或岩体在自然或人为因素作用下，整体或分散地沿边坡向下滑动的自然现象。滑坡也叫地滑，或"走山""垮山""山剥皮"。一个滑坡从孕育到形成，要经历"裂、蠕、滑、稳"四个阶段。

图8-5　山体滑坡

（一）滑坡的成因

　　产生滑坡的原因很多，大致可以分为自然原因和人为原因。

1. 自然原因

　　（1）降雨：大雨、暴雨和长时间的连续降雨、融雪。

　　（2）地震：引起坡体晃动，破坏坡体平衡。

　　（3）地表水的冲刷、浸泡：河流等地表水体不断地冲刷坡脚或浸泡坡脚，削弱坡体支撑或软化岩土，降低坡体强度。

2. 人为原因

　　人为原因指开挖坡脚、地下采空，水库蓄水、泄水等改变坡体原始平衡状态的人类活动。常见的可能诱发滑坡、崩塌的人类活动有采掘矿产资源、道路工程开挖边坡、水库蓄水与渠道渗漏、堆（弃）渣填土、强烈的机械振动等。

（二）滑坡的危害

　　随着世界人口的不断增长、人类活动的空间范围逐渐扩展和工程活动的规模不断加大，加之受到全球气候变化等因素的影响，滑坡灾害发生的频率越来越高，所造成的经济损失和人员伤亡也不断加大。到目前为止，全球范围内凡是有人类居住和工程活动的山岭地区，几乎都有滑坡灾害发生。滑坡已成为仅次于地震的第二大地质灾害。我国是亚洲乃至世界上滑坡灾害最严重的国家之一。滑坡常常给工农业生产以及人民生命财产造成巨大损失，有的甚至是毁灭性的灾难。

（三）滑坡的避险与自救

1.警惕滑坡的发生

选择安全地带修建房屋，不要随意开挖坡脚，不要随意在斜坡上堆弃土石，管理好引水和排水沟渠。注意发现滑坡前兆，如山坡上出现裂缝、斜坡局部沉降、斜坡上建筑物变形、泉水和井水异常变化、地下发出异常声响等。出现滑坡征兆时应及时将滑坡情况上报当地政府部门。

2.滑坡发生时冷静自救

当处在滑坡体上时，首先应保持冷静，不能慌乱。要迅速环顾四周，向较安全地段撤离。一般除高速滑坡外，只要行动迅速，都有可能逃离危险区段。逃离时，向两侧跑为最佳方向。在向下滑动的山坡中，向上或向下跑都是很危险的。当遇到无法跑离的高速滑坡时，更不能慌乱，在一定条件下，如滑坡呈整体滑动时，原地不动或抱住大树等物，也是一种有效的自救措施。

▶ 案例

2015年11月13日22时50分许，浙江省丽水市莲都区雅溪镇里东村由于连续降雨，水土饱和，发生山体滑坡。山体滑坡塌方量30余万立方米，导致27户房屋被埋，房屋进水21户，造成21人遇难、16人失联。事故发生后，武警丽水支队官兵徒手挖开废墟，事故现场数台挖掘机持续作业，救援工作通宵进行。

▶ 分析

由于我国地形多样化，山区比较多，山体滑坡灾害也比较多。如果发现山体滑坡，要马上向与滑坡方向成垂直方向的山坡高处跑。如果被淹没，务必趴下。当被泥石流掩埋时，可活动空间小，氧气量少，要保持原位不动，这样做有助于减少身体新陈代谢。若身边有水源和食物，被困者要维持进食，延续生命，等待救援。当发现有人来到附近时，也不可妄动，用硬物敲击地面，告知外面的人即可，一定不要大声喊叫，要保存体力。

3.救护其他伤员

抢救被滑坡掩埋的人和物时，首先要把后面的水设法排开，再从滑坡体侧面开挖，否则在开挖时后面的滑坡会影响抢救效率，甚至会再次发生危险。抢救出被掩埋的人，搬动时要细心，严禁因拖拉伤员而加重伤情。要清除伤者口腔、鼻腔中泥沙、痰液等杂物，对呼吸困难者或呼吸停止者进行人工呼吸；对大出血伤员须止血；对骨折者就地固定后运送，若有颈椎骨受挫的伤员，需一人扶住伤者头部并稍加牵引，同时头部两侧放沙袋固定，并送往医院。要记得及时清理滑坡损坏的物品，并注意灾后的卫生防疫工作。

第二节　气象灾害

气象灾害，是指大气运动和演变对人类生命财产、国民经济以及国防建设等造成的直接或间接损害。根据《中华人民共和国气象法》和《气象灾害防御条例》，2015 年 3 月 6 日中国气象局发布第 26 号令《气象预报发布与传播管理办法》，自 2015 年 5 月 1 日起施行。该办法所称灾害性天气警报和气象灾害预警信号是指台风、暴雨、暴雪、寒潮、大风、沙尘暴、低温、高温、干旱、雷电、冰雹、霜冻、大雾、霾、道路结冰等气象灾害预警信息，以及太阳耀斑、太阳质子事件、日冕物质抛射、磁爆、电离层爆等空间天气灾害预警信息。

气象灾害是自然灾害中最为频繁而又严重的灾害之一。中国是世界上自然灾害发生频繁、灾害种类甚多、造成严重损失的少数国家之一，而其中，气象灾害每年造成的经济损失巨大，直接影响社会和经济的发展。以下是四种常见的气象灾害。

一、台风灾害

台风是热带气旋的一种。我国将热带气旋依其中心附近的最大风力划分为六个等级：热带低压、热带风暴、强热带风暴、台风、强台风和超强台风。其中热带气旋中心持续风速达到 12 级以上（即每秒 32.7 米或以上）的称为台风。由于能量大、突发性强、破坏力大等特点，台风给所到之处造成的影响也是巨大的，是世界上最严重的自然灾害之一。通常所说的"台风"和"飓风"都属于北半球的热带气旋，由于它们产生在不同海域，不同国家的人给予其不同称谓。一般来说，在东太平洋和大西洋海域生成的热带气旋，风力达到 12 级以

图 8-6　台风灾害

上的，被称作"飓风"，而在西太平洋上生成的热带气旋称作"台风"。

（一）台风的危害

我国是受台风影响最严重的国家之一，西北太平洋热带气旋有近50％会影响我国。台风灾害主要是在台风登陆之前和登陆之后引起的。台风引起的直接灾害通常由以下三方面造成。

1. 狂风

台风风速大都在17米/秒以上，甚至在60米/秒以上。因此台风及其引起的海浪可以把万吨巨轮抛向半空拦腰折断，也可以把巨轮推入内陆；飓风级的风力足以损坏甚至摧毁陆地上的建筑、桥梁、车辆等。在建筑物没有被加固的地区，造成的破坏更大。大风亦可以把杂物吹到半空，使户外环境变得非常危险。

2. 暴雨

一次台风登陆，降雨中心一天中平均降雨量达100—300毫米，甚至500—800毫米的大暴雨。台风暴雨造成的洪涝灾害，来势凶猛，破坏性极大，是极具危险性的气象灾害。

3. 风暴潮

当台风移向陆地时，由于台风的强风和低气压的作用，海水向海岸方向强力堆积，潮位猛涨，水浪排山倒海般向海岸压去。强台风的风暴潮能使沿海水位上升5—6米。如果风暴潮与天文大潮高潮位相遇，能产生高频率的潮位，导致潮水漫溢，海堤溃决，冲毁各类建筑设施，淹没城镇和农田，造成大量人员伤亡和财产损失。

台风这种等级高、强度大的自然灾害发生后，不但破坏人类的生存环境，还常常导致一连串的其他灾害。在一些大中城市，台风造成的暴雨和海水倒灌很可能造成内涝等，引发交通瘫痪，影响城市正常运行甚至造成人员伤亡。台风还可能造成生态破坏、疫病流行，如台风引起的风暴潮会造成海岸侵蚀，海水倒灌会造成土地盐渍化等灾害；台风造成的泥石流会破坏森林植被；台风引发的洪水过后容易出现疫情；台风甚至会造成农作物的病虫害。

（二）台风危害的应对

1. 台风来临前及时预防

台风来临前及时收听、收看或上网查阅台风预警信息，做好防范工作，及时从危旧房屋和低洼地区转移至安全处；紧固易被大风吹动的搭建物；棚架、招牌、霓虹灯、吊机等悬空和高空设施要进行加固，并将置于阳台、窗外的物品移入室内；检查电路、炉火、煤气等设施是否安全；准备手电、蜡烛及储存饮水以防断电停水；多储备一两天的食物。

2.台风来袭时勿在户外滞留

台风来袭时应停止一切高空及户外活动，停止各种露天集体活动和室内大型集会；紧闭门窗，把门窗捆紧拴牢，特别是应对铝合金门窗采取防护；收起屋内外的各种悬挂物；突遇台风时，速往小屋或洞穴躲避；遇强风时，尽量趴在地面往林木丛生处逃生，不可躲在枯树下。

3.台风过境后冷静应对

台风过境后，不要立即开始清理工作，要等待公共广播中的台风信号完全解除，撤离地区被宣布为安全以后才可以返回原地；不要随意使用煤气、自来水、电线线路，以免因为管道破裂、电线损坏而引起事故。台风过后还需要注意环境卫生，注意食物、水的安全。

案例

2019年第9号超强台风"利奇马"于8月10日01时45分在浙江省温岭市城南镇登陆，登陆时中心附近最大风力有16级。受台风"利奇马"影响，8月9日夜里到10日上午温岭市有暴雨到大暴雨，局部特大暴雨。截至8月13日16时，台风"利奇马"造成浙江、上海、江苏、山东、安徽、福建、河北、辽宁、吉林9省（市）1288.4万人受灾，204万人紧急转移安置（已安全返回141.7万人）；房屋1.3万间倒塌，11.9万间不同程度损坏；农作物受灾面积996千公顷。各地4.2万余名消防指战员共参加抢险救援6382起，营救遇险和疏散转移被困群众12447人。

分析

"利奇马"是2019年登陆我国的最强台风，同时也是1949年以来登陆我国华东地区的第三强台风，与2016年的台风"莫兰蒂"并列，仅次于1956年的台风"温黛"、2006年的台风"桑美"。国家防总、应急管理部持续调度部署台风"利奇马"防范应对工作，先后共派出10个工作组分赴浙江、上海、江苏、山东、河北、天津、辽宁、吉林、黑龙江等地一线，指导协助当地全力做好台风防御应对和抢险救援各项工作。夏季是多台风的季节，在台风来临前，应先准备好干粮、水、手电筒、蜡烛等物品，以作应急之需；关好门窗，不要随意外出，远离河边，若在室外，不要在大树或电线杆下行走，以免被树或电线杆砸到。

阅读延伸

如何应对台风

二、沙尘暴灾害

沙尘暴，是沙暴和尘暴两者兼有的总称。沙尘暴的天气状况可以分为浮尘、扬沙、沙尘暴和强沙尘暴四种。浮尘，指地面尘土或者细小沙粒均匀地飘浮在空中，使空气水平能见度小于 10 千米的天气现象；扬沙，指风将地面的沙尘卷起，使空气十分混浊，空气水平能见度在 1—10 千米的天气现象；沙尘暴，指强风将地面大量的尘沙卷起，使空气特别混浊，空气的水平能见度小于 1 千米的天气现象；强沙尘暴，指大风将地面尘沙卷起，使空气模糊不清、混浊不堪，空气水平能见度小于 500 米的天气现象。

（一）沙尘暴的成因

沙尘暴天气主要发生在冬、春季节，因为此时干旱区降水特别少，地表异常干燥松散，抗风蚀能力很弱。当有大风刮过时，就会将大量细小沙尘卷入空中，形成沙尘暴天气。强劲的风是沙尘暴得以形成的动力基础，也是沙尘暴能够长距离蔓延、肆虐的动力保证。地表的细沙和尘源是沙尘暴形成的重要基础。不稳定的热力条件有利于形成空

图 8-7　沙尘暴袭击城镇

气流动，从而使风夹带沙尘，卷扬到空中形成沙尘暴。同时，干旱少雨气候，气温冷热不均，变化明显，是沙尘暴形成的气候背景。当冷暖气团相交，在冷暖锋交汇处最容易形成强大的上升或下降气流。沙尘暴形成还和狭长的地形有关，该地形可以进一步提高风速和强化对地面的风蚀作用。

（二）沙尘暴的危害

沙尘暴通过强风、沙埋、土壤风蚀和空气污染对人类的生产和生活造成严重的不良影响。沙尘暴天气下，空气的冲撞、摩擦噪声会使人们感到不适，特别是大风音频过低，能直接影响人体的神经系统，使人头痛、恶心、烦躁。

猛烈的大风、沙尘常使空气中的"维生素"即负氧离子严重减少，导致对天气变化敏感的人体内发生变化，在血液中开始分泌大量的血清素，让人感到神经紧张、压抑和疲劳，并会引起一些人的甲状腺负担过重。

大风使地表面蒸发强烈，驱走大量的水汽，空气中的湿度大大减少，使人口干唇裂，鼻腔黏膜变得干燥、弹性减小，容易出现微小的裂口，免疫功能随之降低；还使许多病菌乘虚而入，易导致呼吸道疾病的发生，如流感、支气管炎、肺结核等。沙尘暴天气下，灰尘及沙土容易吹进眼睛里，极易引起急性结膜炎。

（三）沙尘暴危害的应对

1. 沙尘季节注意收听气象预警

沙尘暴来临之前，气象部门会向社会发布预警信号，可以通过电视、广播、报纸、互联网、手机短信等获得相关信息；或者拨打电话"121"向当地气象台咨询，或查看户外预警信号警示装置（如警示牌）获得预警信息；也可以登录中国气象局官方网站和中国天气网等获取沙尘暴预警信息。沙尘暴按照出现时间迟早和能见度大小可分为三级，由弱到强分别用黄色、橙色、红色表示。

2. 防范沙尘暴危害

沙尘暴来临时应及时关好门窗，将门窗的缝隙用胶带封好；如果在危旧房屋应及时撤出；尽量减少外出，尤其是老年人、未成年人和体弱者；学校要推迟上学或放学，直到沙尘暴结束；在校师生应停止一切露天活动、水中活动。

外出前应戴好防护镜及口罩或纱巾罩，行人要远离高层建筑、工地、广告牌、老树、枯树、水渠、水沟及水库等。户外应加固围板、棚架、广告牌等易被风吹动的搭建物，建筑工地要覆盖好裸露的沙土和废弃物，以免尘土飞扬。沙尘天气里司机应开启雾灯、防眩目近光灯、示廓灯和前后位灯，如果能见度在100—200米，时速最好控制在40千米以下，夜间时速应在30千米以下。

三、高温灾害

气象学上，气温在35℃以上时可以称为高温天气，如果连续几天的最高气温都超过35℃，即可称为高温热浪天气。人体的正常温度是36℃—37℃，据测定，当气温在35℃—39.9℃时，人就会感到奇热；当气温高于40℃时，人就会感到酷热难耐。

（一）高温的危害

高温是一种灾害性天气，特别是持续性高温，对人体的危害很大。

高温会对人们的工作、生活和身体产生不良影响，人们容易疲劳、烦躁和发怒，各类事故相对增多，甚至犯罪率也会上升。高温天气对人体健康的主要影响是引发中暑，人体在过高温度环境作用下，体温调节机制暂时发生障碍，体内热蓄积，而导致中暑。

高温时期是脑血管病、心脏病和呼吸道疾病等的多发期，病死率相应增高，特别是老年人的病死率增高更为明显。在高温、潮湿、无风、低气压的

图 8-8　高温天气危害人的健康

环境里，人体排汗受到抑制，体内蓄热量不断增加，心肌耗氧量增加，使心血管处于紧张状态。闷热还可导致人体血管扩张，血液黏稠度增加，易发生脑出血、脑梗死、心肌梗死等症状，严重的可能导致死亡。

在夏季闷热的天气里，还易出现热伤风（夏季感冒）、腹泻和皮肤过敏等疾病。持续的高温天气还会导致农业生产的高温热害。如高温会使灌浆后期的早稻遭受"高温逼熟"，导致籽粒不饱满、粒重下降；也会使脐橙、柑橘等水果幼果脱落严重，农产品的产量将受到较大影响。

（二）高温危害的应对

高温天气里应注意收听高温预报，饮食宜清淡。多喝凉开水、冷盐水、白菊花水、绿豆汤等。

1. 高温时减少活动量，注意防暑

高温外出时，应备好太阳镜、遮阳帽、清凉饮料等防暑用品；衣着要宽松舒适，以通风透气性好、吸湿性强的棉织物为宜，少穿化纤类服装；长时间外出还要准备好"十滴水""清凉油"等防暑药物。

室内要注意保持通风，早晚可在室内适当洒水降温；如在户外工作，可早出晚归，中午多休息；睡眠时注意不要躺在空调的出风口和电风扇下，以免患上空调病和热伤风；空调温度应控制在与室外温度相差5℃—10℃，室内外温差太大，反而容易中暑、感冒。

出汗后，应用温水冲洗，洗净擦干后，在局部易出痱子的地方适当扑些痱子粉，以保持皮肤干燥；皮肤晒伤出现肿胀、疼痛时，可将冷毛巾敷在患处，直至痛感消失；出现水泡，不要挑破，应请医生处理。

2. 他人中暑后救护

一旦发现他人中暑，应尽快将其移到阴凉通风处，用冷水浸湿衣服，裹住身体，并保持通风凉爽；或者不停地扇风散热并用冷毛巾擦拭其身体，直到其体温下降到38℃以下；可用冷毛巾敷于头部，饮用含盐凉开水，口服"十滴水"5毫升，太阳穴涂"清凉油"。

如果中暑者意识比较清醒，应保持坐姿休息，头与肩部给予支撑；如果中暑者已失去意识，应平躺，给中暑者及时补充水分，通常服用口服补液盐，并且越凉越好，要多次少量地喝，不要大口喝，以免呕吐。如果病情严重，需送往医院救治。

对于重症中暑者，应尽快进行物理降温，如在其额头上、两腋下和腹股沟等处放置冰袋，以防止水肿，同时用冷水、冰水或者75％酒精（白酒亦可）擦全身，并及时送往就近医院治疗。

案例

2010年夏季，中国西北、华北、江南、华南等地出现大范围高温天气，部分地区出现40℃以上极端气温。6月中旬，新疆哈密市伊吾县因出现40℃—44℃的最高气温，导致20人中暑住院，其中3人死亡，中暑患者主要是种植哈密瓜的农民。

分析

高温天气，对人体健康的主要影响是产生中暑以及诱发心脑血管疾病导致死亡。高温中暑常发人群为高温作业工人、夏天露天作业工人、夏季旅游者、家庭中的老年人、长期卧床不起的人、产妇和婴儿。若有人员中暑，应立即将其移到通风、阴凉、干燥的地方，如走廊、树荫下，对于重症中暑者，要立即拨打"120"急救电话，求助医务人员紧急救治。

阅读延伸

如何应对高温天气

四、雷电灾害

雷电是伴有闪电和雷鸣的一种自然放电现象。雷电一般产生于对流发展旺盛的积雨云中，因此常伴有强烈的阵风和暴雨，有时还伴有冰雹和龙卷风。长期以来，雷电一直以直击雷的形式给自然界带来灾难性的打击。雷电灾害已被联合国有关部门列为最严重的十大自然灾害之一。

（一）雷电的危害

虽然雷电可以产生臭氧，净化空气，但由于带电的云层对大地上的某一点猛烈放电，破坏力巨大，若不能迅速将其泄入大地，将导致放电通道内的物体、建筑物、设施、人畜遭受严重的破坏或损伤，比如造成火灾、损坏建筑物、摧毁电子电气系统，甚至危及人畜的生命安全。

（二）雷电危害的应对

1. 室内预防

雷雨天气，即使在家也要注意预防雷电的危害。最科学的方法是安装避雷器，如果没有安装避雷设备可以按以下方式预防。

（1）关闭门窗，关闭家用电器，拔掉电源插头，防止雷电从电源线入侵。同时，应远离门窗、水管、煤气管等金属物体。

（2）尽量不要拨打、接听电话，或使用电脑、手机上网，应拔掉电话线、电视天线等，在雷雨天气不要使用太阳能热水器洗澡。

2. 户外避险

雷电天气时，应立即停止室外游泳、划船、钓鱼等水上活动。要及时躲避，不要在空旷的野外停留。在空旷的野外无处躲避时，应寻找土坑等低洼之处藏身，或立即下蹲，尽量降低身体的高度。

图 8-9　雷雨天气时要学会避险

切勿站在楼顶、山顶，或接近其他易导电的物体，应迅速到干燥的室内避雨。也不要在水边和容易积水的洼地停留。如一时找不到房子避雨，应就近到山间或山岩下避雨。在雷雨中不宜打伞，也不宜将羽毛球拍、钥匙等金属物拿在手上。同时，应远离孤立的大树、高塔、电线杆、广告牌等。

雷雨天气出门要穿胶鞋，这样可以起到绝缘作用。不宜骑摩托车和自行车。人在汽车内一般不会遭到雷电袭击，因为封闭的金属导体有很好的防雷功能，但需注意不要将头和手等身体部位伸出窗外。

案例

2016年6月21日，河南省汝州市临汝镇东营村一加油站因大风雷电天气造成3人死亡3人受伤，伤员被送往医院救治，无生命危险。2018年5月8日，在四川省南充市南部县大桥镇方金村，一农民在做农活时被雷电击中，随后120急救中心赶往现场抢救，但未能挽回该男子生命。

分析

每年4月至9月是我国雷雨多发季节，其间因雷击所导致的事故不计其数。而这些事故中，绝大部分是因为人们缺乏防雷知识，导致在日常生活中的细节疏忽。遇雷雨天气时不要进入临时性的棚屋、岗亭等无防雷设施的建筑物内，不宜躲在大树底下避雨，若不得已需要在大树下停留，必须与树身和树枝保持5米以上距离，应尽可能下蹲，并将双脚并拢。

阅读延伸

雷雨天如何避免触电

五、霾灾害

霾又称"灰霾"，中国气象局《地面气象观测规范》灰霾的定义：悬浮在大气中的大量微小尘粒、烟粒或盐粒的集合体，在大气相对湿度小于80%，水平能见度降低到10千米以下的一种天气现象。

（一）霾的成因

污染排放、气象条件和区域传输是形成霾的三大影响因素；工业、机动车、燃煤和扬尘是四大污染源。

（二）霾的危害

霾中有大量的有害悬浮微粒，被人体吸入后，会刺激神经系统，尤其会引起神经兴奋，造成心脏神经的紊乱，对心衰的病人影响极大。如果颗粒物含有致癌、化学等有毒物质，首当其冲的是肺。其次，这些有毒物质还会对心血管、神经系统带来损害，对怀孕妇女的妊娠、肿瘤患者都有非常大的影响。粒径越小的粒子越容易直接进入人体，而且无法通过打喷嚏、咳嗽、吐痰等方式排出，多数会沉积在肺泡里，被吞噬细胞所吞噬，永远留在身体里。有资料显示，PM2.5每立方米增加10微克，心脏病的发病率将增加3个百分点。而且出现灰霾天气时，室外能见度低，容易导致交通阻塞，事故频发。

> **案例**
>
> 2015年1月，吉林省吉林市霾特别严重，珲乌高速桦皮厂附近能见度不足50米，10多辆车在此路段相撞，其中包括3辆罐车。事故发生后，一度造成高速拥堵，车辆滞留。部分高速路段实施交通管制，随后，急救人员与高速交警赶到现场处置。事故已造成3人死亡，11人受伤。目前伤者已经得到有效救治。

> **分析**
>
> 霾特别严重的情况下，尽量少出门，如果要出门，则一定要注意交通安全，特别是骑自行车或开车，一定要减速慢行。因为霾严重的情况下，景物可见度特别低，很容易发生交融事故。

（三）霾危害的应对

1.室内应对方式

灰霾天气，关好门窗，可以养一些绿植或购买空气净化器净化一下家里的空气。多喝水，多吃清肺的蔬果，如百合、山药、梨、柚子等。

2. 户外应对方式

灰霾天气若要外出，一定要带好口罩，最好是专业的防霾口罩，因为普通口罩难以过滤灰霾中的 PM2.5 微粒。回家后要记得洗脸、洗手、漱口，将身体上灰霾清洗干净。

第三节　海啸与洪水灾害

从宇宙中看地球，地球是一个十分美丽的蔚蓝色星球，海洋面积约占整个地球面积的 70%。在大气的作用下，水会产生各种类型和形态的循环。在极端气候影响下，水则会带来极端的自然灾害，常见的破坏性最大的灾害主要有海啸和洪水灾害。

一、海啸灾害

海啸是一种具有强大破坏力的海浪。这种波浪运动引发的惊涛骇浪，汹涌澎湃，卷起的海涛波高可达数十米。这种"水墙"内含极大的能量，往往造成对生命和财产的严重摧残。

（一）海啸的成因

图 8-10　2004 年印度洋海啸灾害

海啸是一种灾难性的海浪，通常由震源在海底 50 千米以内、里氏震级 6.5 以上的地震引起；水下或沿岸山崩或火山爆发也可能引起海啸，在一次震动之后，震荡波在海面上以不断扩大的圆圈，传播到很远的距离，正如卵石掉进浅池里产生的波纹一样。海啸波长比海洋的最大深度还要长，轨道运动在海底附近也不会受多大阻滞，不管海洋深度如何，波都可以传播。

（二）海啸的危害

海啸给人类带来的灾难是十分巨大的。海啸以摧枯拉朽之势，越过海岸线，越过田野，迅猛地袭击岸边的城市和村庄，瞬时一切都消失在巨浪中。港口所有设施和被震塌的建筑物，在狂涛的洗劫下，被席卷一空。事后，海滩上一片狼藉，到处是残木破板和人畜尸体。

（三）海啸的避险与自救

海啸来临时，可利用地震波与海啸到达的时间差，做好相关预防和撤离准备，要注意网络、电视和广播新闻。应准备一个急救包，里面有足够72小时用的药物、饮用水和其他必需品。海啸发生前海水异常退去时，常会把鱼虾等海生动物留在浅滩，场面甚为壮观。此时，千万不要前去捡拾或者看热闹，而应迅速离开海岸，向陆地高处转移。

如果发生海啸时不幸落水，要尽快抓住木板等漂浮物，同时应注意避免与其他硬物碰撞；在水中不要举手，更不要挣扎，尽量减少动作，保持浮在水面随波漂流即可，这样既能避免身体下沉，又能减少体能的无谓消耗；尽量不要游泳，以防体内热量过快散失；不要喝海水，海水不仅不能解渴，反而会让人出现幻觉，导致精神失常甚至死亡；尽可能向其他落水者靠拢，既便于相互帮助和鼓励，又便于引起救援人员注意。

案例

2004年印度洋大地震发生于当地时间12月26日（雅加达、曼谷），震中位于印度尼西亚苏门答腊岛西160千米，震源深度为30千米，震级达到9.1级。印度洋大地震是继1960年智利大地震（9.5级）以及1964年阿拉斯加耶稣受难日地震（9.2级）后又一次强震，这是2000年以来规模最大的地震。此次大地震引发了高达30余米的海啸，波及范围远至波斯湾的阿曼、非洲东岸索马里及毛里求斯等国。地震及震后海啸对东南亚及南亚地区造成巨大损失，死亡和失踪至少29万余人。

分析

地震是海啸最明显的前兆。如果感觉到较强的震动，不要靠近海边、江河的入海口。如果听到有关附近地震的报告，要做好防海啸的准备，注意网络、电视和广播新闻。海啸登陆时海水往往明显升高或降低，如果看到海面后退速度异常快，应立刻撤离到内陆地势较高的地方。

二、洪水灾害

洪水灾害简称"洪灾"，是由于江、河、湖、库水位猛涨，堤坝漫溢或溃决，使客水入境而造成的灾害。

自古以来，洪涝灾害一直是困扰人类社会发展的自然灾害。我国很早就有劳动人民和洪水斗争的传说——大禹治水。历史典籍记载的关于各大江河的大量洪灾事实，其发生次数之频繁、损失之惨重，说明防治洪灾是一项事关民生的重要工作。时至今日，洪涝灾害依然是对人类影响重大的灾害之一，是国民经济和社会可持续发展的心腹大患。洪灾给受灾地区带来极大损失，严重损害社会经济的持续健康稳定发展。因此，研究洪涝灾害的成因、危害和对策尤为重要。

（一）洪灾的成因

洪灾的形成原因可分为自然因素和人为因素两类。

（1）自然因素。自然因素包括自然地理环境、天气、水系特征和降雨等，不受人类控制。大气环流异常是洪灾发生的直接原因。

（2）人为因素。人为因素主要是人类的社会经济活动造成的生态破坏，如破坏森林植被引发水土流失、侵占江河水道影响洪水通行、围湖造田降低蓄洪能力等。

（二）洪灾的危害

从洪灾发生的特征来看，洪水灾害具有明显的季节性、区域性和可重复性。我国的洪水灾害主要发生在4—9月，如我国长江流域的洪水几乎都发生在6—7月；黄淮河流域7—8月易发生洪水；四川盆地各水系的洪水期持续时间比较长，通常是7—10月；而松花江流域的洪水期则是8—9月。灾害与降水时空分布及地形有关。在我国洪灾一般是东部多，西部少；平原地区多，高原和山地少；沿海多，内陆少。洪灾同气候变化一样，有其自身的变化规律，这种变化由各种长、短周期组成，使得洪水灾害循环往复，不易根治。

洪灾具有很大的普遍性和破坏性，不仅对局部受灾区有害，甚至会严重影响相邻流域，造成水系变迁。

图 8-11　洪水灾害

（三）洪灾的避险与自救

发现重大洪灾征兆或已经发生洪灾时，应尽快通过微博、微信等媒体将消息传递出去，引起政府关注，争取尽早控制灾害，避免其进一步扩大。

当洪水不断上涨，在短时间内不会消退时，应该贮备一些食物及必要的生活用品，尤其是生活在偏僻地区的人，一旦交通受阻，救援人员两三天内难以赶到，只得自救，因此必须准备饮用水、食物、保暖衣物以及烧开水的用具；如果没有轻便的用具，可以改吃干粮充饥；此外，最好携带火柴或打火机，必要时用来生火；当发现高压线铁塔倾倒、电线低垂或断折，不可触摸或接近，应尽量远离，防止触电。

如果因洪水来得太快，已经来不及转移时，应立即爬上屋顶、大树、高墙，暂时避险，等待救援，不到迫不得已，不要单独游水转移；当逃出险境时，则可自制简易木筏逃生，身边任何入水可浮的东西都可制作木筏，如木床、圆木、木梁、木箱子、木板、衣柜等，如无绳子，可用被单绑扎木筏。婴幼儿还可放在大盆里涉水；出发前，一定要先吃些含热量高的食物，如巧克力糖、甜糕饼等，并喝些热饮料，以增强体力。

案例

2019 年 8 月 6 日，湖北省十堰市勋阳区柳陂镇遭遇局地大暴雨，导致该镇青龙山村突发山洪，致 8 人遇难，8 人失联。灾情发生后，市政府、区政府第一时间开展救援工作，现场被困 12 人被解救出来。

分析

> 洪水来临时，如果来不及转移，可向高处求生，等候救援人员营救。如果水灾严重，水位不断上涨，就必须自制木筏逃生。

阅读延伸

正确的洪水风险意识

安全之窗

校园地震应急疏散演练

通过地震应急演练，使大学生掌握应急避震的正确方法，熟悉震后校园紧急疏散的程序和线路，确保在地震来临时，应急工作能快速、高效、有序地进行，从而最大限度地保护所有人员的生命安全，特别是减少不必要的非震伤害。同时通过演练活动培养大学生听从指挥、团结互助的品德，提高突发公共事件下的应急反应能力和自救互救能力。

一、演练准备

演练前召开动员大会，让学生熟悉应急避震的正确方法，分析我校应急避震的环境条件，阐述地震应急演练的重要意义，讲明演练的程序、内容、时间和纪律要求，以及各个班级疏散的路线和到达的区域，同时强调演练是预防性、模拟性练习，并非真正的地震应急和疏散，以免发生误解而引发地震谣传。

演练前对疏散路线必经之处和到达的"安全地带"进行实地仔细检查，对存在问题及时进行整改，消除障碍和隐患，确保线路畅通和安全。

二、演练要求

1. 不要惊慌，听从指挥，服从安排。

2. 保持安静，动作敏捷、规范，严禁推拉、冲撞、拥挤。

3. 按规定线路疏散，不得串线。

三、演练实施过程

1. 演练前准备工作

（1）各班级召开动员大会，组织师生学习防震减灾知识，宣讲疏散演练方案，让师生明确演练的必要性和基本步骤，了解并掌握应急避震的方法，熟悉地震时紧急疏散的集中地点和路线。

（2）以班级为单位，班主任组织学生学习防震减灾知识，并进行就地避震和安全撤离演练的详细讲解。

（3）利用广播、宣传标语等方式进行宣传，提高全校师生防震减灾意识，明确开展演练的目的。

（4）各组负责人提前做好具体工作分配，落实责任人，做好各项准备工作。

2. 教室内应急避震演练

（1）校园广播连续播报三遍，播放内容为："各位老师，各位同学，地震应急疏散演练马上就要开始，请大家做好准备，各就各位。"

（2）信号员发出"地震警报"信号：三声短促哨声（表示地震发生，进入应急防震阶段）。

（3）正在上课的教室听到"地震警报"信号后，班主任和上课教师立即停止授课，转而成为教室演练负责人，立即告知学生"地震来了，不要慌"，并指挥学生选择安全位置抱头蹲下，要求学生就近躲避在课桌下、实验台下或承重墙的墙根、墙角，用双臂或其他柔软物品等保护好头部；尽量蜷曲身体，降低身体重心，缩小面积，额头枕在大腿上，不要靠近窗口，避免身体被砸。

（4）1分钟后，发出全面疏散信号：一声长哨（表示地震结束，进入全面疏散阶段）。

（5）学生复位，老师告知学生："地震已过，现在撤离教室"。进入紧急疏散演练环节。

3. 紧急疏散演练

（1）信号员发出疏散信号（三短一长哨声）后，班级靠前、后门的学生立即把门打开，班主任指挥学生分两路纵队有秩序地从前、后门撤出。学生干部协助组织学生疏散，班主任或教师须待学生疏散完毕方可疏散。

（2）学生在老师带领下按照"应急疏散示意图"确定的路线从指定楼梯向下有序疏散，迅速撤离到事先指定的安全地点。

（3）各班主任先在各楼层疏导学生，待学生疏散完毕后快速到学生集中地点维持秩序、清点人数、进行总结。

（4）五分钟后，一声长哨，结束演练。

安全问答

自然灾害防范知识测试题

第九章　预防在先，防患未然
——户外运动安全

　　户外运动，是指在自然环境中举行的带有探险或体验探险的活动项目群，其中包括游泳、登山、露营、潜水、徒步等项目，户外运动中多数带有探险性，属于极限和亚极限运动，有很大的挑战性和刺激性。现在很多大学生喜欢拥抱自然、挑战自我，便积极投身于这些户外运动。户外活动的特性决定了其必然存在一些安全风险。大学生必须懂得户外活动常识，并积极防范，才能避免发生危险。

第一节　游泳运动安全

　　游泳是大学生喜爱的运动，然而如果缺少安全防范意识、准备不充分、遇到意外时慌张、不能沉着自救，则极易发生溺水事故。在各类学生意外事故中，溺水占31%，溺水死亡人数已居学生各类意外死亡人数之首。因此，大学生掌握游泳的安全防范意识是非常必要的。

一、游泳运动的特点

（一）游泳的姿势多样

　　游泳的姿势有四种：蛙泳、蝶泳、仰泳和自由泳。

　　蛙泳是一种模仿青蛙游泳动作的一种游泳姿势。蛙泳时，游泳者可以方便观察前方是否有障碍物，避免撞上障碍物。

　　蝶泳是在蛙泳动作基础上演变而来的。当蛙泳发展到第二阶段时，有些运动员会采用两臂划水到大腿后提出水面，再从空中迁移的技术，从外形看，好像蝴蝶展翅飞舞，所以人们称它为"蝶泳"。

　　仰泳又称背泳，是一种人体仰卧在水中的游泳姿势。仰泳包括反蛙泳和反爬泳，因为脸面在水面上，所以呼吸很方便。

图9-1　自由泳

　　自由泳严格来说不是一种游泳姿势，而是竞技游泳的一种比赛项目，通常和爬泳等同看待。它的竞赛规则对游泳姿势几乎没有任何限制，而爬泳这种姿势结构合理，阻力小，速度均匀、快速，是最省力、速度最快的一种游泳姿势。

（二）户外游泳常见情况

1. 水域温差较大

　　太阳辐射与水面大气热交换是影响水域温度的两个主要因素，人体在温度较低的水中时，身体所产生的热量低于所散发的热量，身体表层、四肢肌肉及神经系统自我调节强度过高，会导致体内器官受到伤害。

2. 水域环境复杂

户外水域环境复杂，会有暗礁、激流、漩涡等暗藏其中，水质的浑浊有着不可预见性，影响人的主观判断能力，而且水中存在不明生物，具有一定的危险性。户外的水域没有救生人员在旁边保护，一旦出事，无人发现，以致无人可以及时救援。

案例

2013 年 7 月 26 日下午，镇江市丹徒区上党镇凌塘水库发生溺水事件，落水者是一名年仅 18 岁的小伙子，刚参加过高考，而且已经被南昌一所高校录取，没想到在暑假期间遇此不幸。据一名女性目击者描述，平时到这里来游泳的人不少，大多结伴而行，事发前，这名男子正在游泳，在附近游泳的她突然听到了"救命"声，就在她准备叫家人来施救的时候，该男子已经沉入水底，她随即让同伴报警。最终，这名男子被打捞上岸，遗憾的是已经身亡。

分析

大学生在户外游泳一定要注意安全，尤其夏天，是游泳安全故事的高发期。在游泳前一定要做好热身运动，游泳时不要往深水区游。也不要单独去户外游泳，最好和小伙伴一起。

二、游泳安全的防范措施

（一）并不是所有人都适合游泳

游泳前要对自身健康状况做出正确判断。身体不适或患有心脏病、肝炎、皮肤癣疹、肠道疾病、沙眼、结膜炎、中耳炎等疾病者不宜游泳。因为游泳可能会加重疾病症状，还有可能在水中将疾病传染给其他人。另外，人在饮酒后也不建议游泳。

（二）下水前要热身

下水前要做准备活动，可以跑跑步、做做操，活动开身体，还应用少量冷水冲洗一下躯干和四肢，这样可以使身体尽快适应水温，避免出现头晕、心慌、抽筋等现象。饱食或者饥饿时，以及剧烈运动和繁重劳动后不要游泳。以下是游泳前的 7 个热身动作，

图 9-2　游泳时腿抽筋

简单易学。

1. 头部向前后左右转动，拉伸颈部肌肉，重复 10 次。

2. 单臂轮流向后绕肩，然后双臂同时绕肩。

3. 单臂上举，向对侧弯腰并尽量伸展，换臂重复。

4. 双腿并拢向前伸直坐于地上，双手向前伸以触到脚趾，保持，然后重复。

5. 一手经脑后伸向对侧肩部，肘尖向上，另一只手握住其肘部向对侧牵拉。换手臂，重复。

6. 两腿分开伸直坐于地上，身体弯向一侧使面部靠向膝盖，换一侧重复。

7. 一腿向前伸直，一腿向后弯曲坐于地上，躯干向前伸展，然后向后仰身。重复几次，换另一条腿。同时轻转脚踝。

（三）体力不支

游泳时如果出现体力不支、过度疲劳的情况，应停止游动，仰浮在水面上恢复体力，待体力恢复后及时返回岸边。

三、游泳事故的应急方法

在户外游泳时，如果出现抽筋、耳痛耳鸣、头晕头痛、眼睛痛痒、刮伤蜇伤、呕吐等问题，可以采取以下应急方法。

（一）抽筋

抽筋是由于肌肉痉挛所致，一般出现在脚肚子、脚掌、手指等部位，是游泳时常见的现象。引发抽筋的原因主要是水温过低、肌肉收缩、情绪紧张、姿势错误、过度疲劳或饥饿等。如果遇到抽筋，不要慌张，切勿乱喊乱叫，用力扑腾，应用手划水、调整姿势，尽可能将身体仰躺与水面，保持呼吸平缓，用力将抽筋部位反向伸展，并重复动作，在允许的情况下划向岸边或是大声呼救。

（二）耳痛耳鸣

耳痛耳鸣是由于耳鼻里灌水、呛水，或是潜水泳时，水压太大，引起的耳朵不适。出现这种情况时，如果不是很严重的话，可以上岸用棉签清理耳朵里的水。如果情况严重，上岸后将头歪向耳朵进水的一侧，同时拉住耳垂，同侧腿原地单足跳跃；或是手掌心摊开按住进水耳朵，将头歪向同侧，然后迅速将手弹开，水会随着压强被吸出。在压强作用下出现的耳鸣，还可以做吞咽的动作或左右活动下巴直到体感舒适。

（二）头晕头痛

头晕头痛是由于游泳时间太长或呛水导致的。出现这种问题时，应立即上岸休息，添加保暖衣服，适当饮用添加了盐或糖的温水，并用大拇指在太阳穴处按摩，或是用热毛巾敷头，加快聚集于下肢的血液回流。

（三）眼睛痛痒

眼睛痛痒是由于水质不洁导致的。出现这种问题时，应该立即上岸，用生理盐水或干净的淡盐水反复冲洗眼睛，用抗生素眼药水或红霉素眼药水滴眼睛，有条件的话，可以用热毛巾进行眼部的热敷。

（四）刮伤蜇伤

刮伤蜇伤是由于碰到了岩石说触摸了水中生物导致的。出现这种情况，不要肢体大幅度摆动或赤脚站立，以防二次受伤。应慢慢上岸，然后用双氧水清理创面。如果皮肤出现瘙痒或红肿的话，最好去医院看一下，在医生的指导下合理用药治疗。

（五）呕吐

呕吐是游泳过程中喝进脏水或体力乏缺、压迫腹部引起的。出现这种情况时，需要马上上岸休息，口服人丹，用热毛巾热敷腹部，有条件的话还可以喝些姜糖水暖暖身子。

阅读延伸

防溺水和游泳自救

第二节　登山运动安全

登山是一项具有挑战性的运动，需要足够的体力和耐力。如今有越来越多的大学生喜欢选择登山来挑战自己。但是登山也有一定的危险性，大学生在登山时一定要做好安全工作，在能够保护自己的前提下理性登山。

一、登山运动的特点

由于登山活动是在独特的大自然环境中进行的，主客观的艰险是始终存在的，如各种陡险的山坡、山间急流、滚石、冰崩、雪崩、明暗裂缝、暴风严寒、日光辐射、严重缺氧以及指挥不当、计划不周、组织工作不完备、技术不佳、思想麻痹等主客观因素，不时威胁着登山者的安全。

二、登山安全的防范措施

图9-5　登雪山

为了确保登山的安全，进行登山活动时常常要求登山者随身携带登山的各种装备器材、食品、燃料、医药用品以及通信器材等。

登山的地点应该慎重选择。要向附近居民了解清楚当地的地理环境和天气变化情况，选择一条安全的登山路线，并做好标记，防止迷路。要穿一双舒适合脚的运动鞋，还要有一个轻便的背包，随身携带急救药品，如云南白药、止血绷带等，以便在发生摔伤、碰伤、扭伤时使用。背包不要手提，要背在双肩，以便用双手抓攀。

登山时间最好选在早晨，午后应该下山返回驻地；不要擅自改变登山路线和时间；不要在危险的崖边拍照，以防发生意外。俗话说："走路不看景，看景不走路。"上山或下山时应低头看路，而不能抬头观景。

三、登山事故的应急方法

在登山时，如果出现冻伤、流鼻血、肠胃疾患、口腔疱疹、刮伤蜇伤、呕吐等问题，可以采取以下应急方法。

（一）冻伤

在登山常见疾病中，冻伤发病率较高。新手缺乏防护的实际经验，加之初次登山时高山反应重一些，对防冻容易疏忽。高山冻伤与缺氧有明显关系。缺氧可引起人体体力、精神的衰退和全身尤其是肢体末梢的循环障碍，以致抗寒的能力大大下降。对缺氧适应不良者，冻伤发生率更高。高山冻伤与海拔高度也有关系，海拔愈高，气温愈低，风速愈大，冻伤发生率愈高。发生冻伤的部位以四肢和颜面为最多。冻伤后应先在基地营作一段时间的治疗，切忌过快地送至高温地区，否则患处组织容易溃烂、感染，愈后较差。对没有起疱的部位进行按摩，已经起疱的部位抽出水疱内液体，未破皮者外敷中药桑寄生膏，不过还是要尽快去医院进行治疗。

（二）流鼻血

在登山时流鼻血主要是由于空气干燥引起的，但因缺氧引起的血压增高、红细胞过度增多、毛细血管脆性增加等，流鼻血的概率也会增加。出现这种问题时不要慌，小量出血用药棉堵塞或滴血管收缩剂即可。后鼻道的大量出血，需用纱布压迫填塞。在高山脱水现象较严重，除注意补充水分外，可在鼻腔内滴几滴甘油等润滑剂，预防鼻道干裂。

（三）肠胃疾患

肠胃疾患主要是由缺氧使消化系统功能紊乱导致，故腹泻、便秘均常发生，以前者多见。出现这种问题时，应立即回到营地休息，使用帮助消化的稀盐酸、胃蛋白酶等，有一定效果。此外应避免暴饮暴食，注意腹部保暖。严重的话要尽快去医院。

（四）口腔疱疹

口腔疱疹是由于紫外线照射、空气干燥及消化功能紊乱引起的，多见于口唇、鼻唇沟，其次为口腔内颊部，表现为米粒至黄豆大小的水疱。出现这种问题时，可外涂消炎药膏缓解。

▶ **案例**

2018 年 2 月 5 日下午，广东省中山大学的女大学生黄某和其男友韦某以及一名梳头陈某在无登山手续的情况下，违规攀登四川阿坝州四姑娘幺妹峰。攀登途中陈某因体力不支，提前退出。黄某和韦某继续攀登至 5383 米的最高峰。由于时间太晚，已是傍晚 6 时，黄某在距离顶峰的二三百米处意外坠滑，导致腰部和腿部受伤，无法站立行走。晚上七八时左右，在露宿地的陈某听到了黄某和韦某的呼救，便赶往山下求救。由于山上没有信号，韦某和黄某并不知道陈某是否已经找到了救援人员，深夜 1 时左右还没等来任何消息，韦某留下女友独自下山寻求救援。上午 10 时，韦某找到了搜救队。当中午 1 时左右，黄某在海拔 5200 米处被找到，全身已被大雪覆盖不幸遇难。而关于黄某的死因，搜救队称可能是冻死的。黄某摔伤后运动热量渐渐散发完，一个人留在山上心里也会感到绝望，当身体失温，最多坚持 2 个小时人就会慢慢死亡。女友的去世让韦某十分悲痛，精神压力也极大，同时他还可能面临处罚。

分析

3名登山者都未持有登山许可证，登山活动未在户外活动管理局登记备案，也未购买实名制户外门票。当地景区管理部门对登山者的攀登时间、攀登行程、相关攀登者的紧急联系人、攀登路线等情况都无法掌握，导致相关搜救人员在登山者遭遇危险的情况下不能第一时间实施救援，从而酿成悲剧。登山不是只要勇气和体力就可以了，还要遵循规则，有安全意识。

第三节　野外露营安全

野外露营是一种户外生活方式，主要出于旅游度假、军事需要等目的而临时在野外搭建的居住营所。现在很多大学生会选择在假期去野外露营，亲近大自然，露营已逐渐成为当下大学生越来越喜爱的度假方式。

一、野外露营的特点

野外露营活动可以回归大自然、锻炼意志、提高野外生存能力、提高团队精神、净化心灵。露营最大的特点就是需要带帐篷，很多大学生喜欢露营也是因为想体验睡帐篷的感觉。不过露营远离城市，野外环境变化无常、露营后产生的垃圾不带走会对环境造成污染等，因此，在露营前要做好各种准备工作。

阅读延伸

露营搭帐篷教学

二、野外露营安全的防范措施

野外露营前要带好户外装备，如望远镜、防水袋、登山杖、刀具、指南针、功能手表、导航设备等。露营的第一步是选择一个营地。雨季露营应该远离溪谷河流，这个远离不单单指距离，还有高度。如果雨季在河边搭建帐篷，垂直高度至少离水面1.5米以上，避免暴雨导致河面上涨出现的危险情况，如遇暴雨，应立即转移。

高山露营一定要找个背风处。山顶的风是很大的，一方面，大风会吹坏帐篷；另一方面，大风加高海拔造就的低温容易让人感冒。切记不要紧挨着悬崖露营，不管那里风景有多美妙。露营一定要使用专用地钉，普通的地钉是无法在沙地里固定住帐篷的，一定要用加长、带倒钩的专用地钉；帐篷必须用防风绳固定，不管天气是不是风和日丽；如果是多人、多帐篷，那么帐篷和帐篷之间应留出足够间距。

带去的食物一定要妥善保存，最好放在密封容器内，特别是在丛林里，小心食物的香味引来肉食动物。晚上一定要把刀和手电放在帐篷内触手可及的地方，如遇紧急情况，可以割开帐篷逃生，如遇野兽，至少也有个工具可以抵挡。不管人在帐篷内还是帐篷外，一定要关上帐篷门，以防蚊子、毒虫、毒蛇进入。

晚上睡觉时，个人衣物，包括鞋子都要放在帐篷里。早上起床时，要先拉开帐篷门，观察一下，不要直接把脚伸出去，防止有毒蛇、毒虫。另外，帐篷内禁止煮东西，不要在帐篷内抽烟，以防火灾。

三、野外露营事故的应急方法

露营时难免会有各种情况发生，常见的有被蚂蟥叮咬，蜂类蜇伤和毒蛇咬伤等。

（一）蚂蟥叮咬

野外很容易被虫子叮咬，其中比较棘手的是被蚂蟥叮咬。若不慎被蚂蟥咬住，千万不要强行拔掉，因为越是拉扯，蚂蟥的吸盘就吸得越紧，一旦蚂蟥被拉断，其吸盘就会留在伤口内，容易引起感染、溃烂。应在蚂蟥叮咬部位的上方轻轻拍打或用手在蚂蟥吸附的周围轻轻揪几下，使蚂蟥松开吸盘而掉落，也可以用清凉油、浸有香烟的水、食盐、浓醋、酒精（或白酒）、辣椒粉、石灰等滴撒在虫体上，使其放松吸盘而自行脱落。蚂蟥掉落后，若伤口流血不止，用干净手指或纱布按住伤口，1—2分钟后出血可停止，然后在出血点处涂紫药水或碘酒，也可以用纱布包扎患处，注意勿让伤口着水，以免引起感染，若再出血，可往伤口上撒一些云南白药或止血粉。蚂蟥掉落后，若伤口没出血，可用力将伤口内的污血挤出，用小苏打水或清水冲洗干净，再涂以碘酒或酒精、红汞消毒。

（二）蜂蜇

被黄蜂蜇伤后，要尽快使用含碱性的肥皂清洗，再以冷水或冰块冷敷患部。黄蜂有毒，可用食醋或将鲜马齿苋洗净，挤汁涂抹，也可用大蒜或生姜捣烂取汁，涂敷患处。蜜蜂没有毒，被蜜蜂蜇伤后，也要先剔出断刺，在处置上与黄蜂不同的是，可在伤口涂些氨水、小苏打水或肥皂水。被蜂蜇伤20分钟后无症状

者，可以放心，若情况比较严重，则应快速救医。

（三）毒蛇咬伤

出现被毒蛇咬伤的情况，赶快把握时机，用力压伤口附近的肌肉，将伤口的毒血挤出后，再在伤口的上端用绳子扎紧，防止蛇毒蔓延。一般事先都不知道毒蛇咬在哪里，万一是咬在靠近动脉之处，就有生命的危险，要尽快送医急救。

安全之窗

被毒蛇咬伤后的心理辅导

俗话说"一朝被蛇咬，十年怕井绳"，说的是人在被毒蛇咬伤后的一种心理反应，是人出于自我保护的一种意识。人们由于受到某种伤害对自己造成了不好的影响，进而对一些类似的事情产生畏惧的心理。如果个体会对某种刺激做出特定反应，那么在某种条件的作用下，该个体就可能对类似刺激做出同样的反应。其中，"条件"多指一种情境，在这种情境中，人们对某种刺激的印象非常深刻，或者经历了反复刺激，这种心理在心理学上被叫作"刺激泛化"。

"刺激泛化"解释了特定条件下的情绪反应和习得性恐惧，能够帮助人们提前避免危机。但是当这种心理感受影响到了工作、生活时，个体要意识到自己的不适感来源于某个特定的对象或情境，而非来源于所有类似的东西。

要想解决"一朝被蛇咬，十年怕井绳"的问题，可以在你经常接触的、喜欢的东西上放一条外观类似于蛇的绳子。刚开始你可能觉得别扭和不舒服，但随着时间的推移，你会将更多的注意力放在你喜欢的事情上，进而习惯了绳子的存在，于是你对绳子也就不再感觉到恐惧了。然后你再换用其他的类似物，按照这样的方法反复训练，就能够有效减轻对蛇的恐惧。

安全问答

户外运动安全知识测试题

第十章　多一种技能，多一次生命
——安全救护常识

安全救护是指在急病或意外发生时，在医生与护理人员到达前为生病或受伤的人进行初步的救援及护理。救护的主要目的可以概括为：维持生命、防止进一步的伤害、促进复原。在大学生中大力普及救护知识，提高自救互救意识可以降低死亡、伤残率，在救护他人的同时，也能及时制止他人对自己不正当的救护，提高生命质量。培养和训练更多的急救能手，有利于提高我国的整体救生水平。

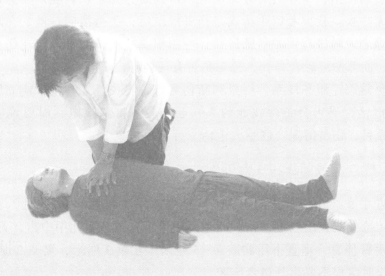

第一节　生活急救常识

　　大学生作为当代社会的高素质人群，掌握必要的急救知识，可以增强自救与互救的能力，正确应对突发事件，从而最大限度地保障自己和他人的生命安全与健康。

一、心肺复苏应急措施

　　猝死、溺水、触电、窒息、中毒、失血过多时，常会造成心脏骤停，也就是心脏射血功能突然中止，大动脉搏动与心音消失，重要器官（如脑）严重缺血、缺氧，导致生命终止的情况。对心跳、呼吸骤停的急救，简称心肺复苏。当有人因意外事故或疾病而出现心脏骤停时，脑部失去血液供应，会造成脑细胞缺氧。此时，最佳抢救时间在4—6分钟之内，超过6分钟，脑细胞损伤将不可逆转。因此一定要分秒必争地采取应急措施。胸外心脏按压和人工呼吸，是心肺复苏应急措施中最主要的两种方法。

（一）判断意识并启动急救医疗服务体系

　　判断意识。轻拍伤者肩部，在其肩部高声呼唤："喂，你怎么了？"若知道伤者姓名，最好连名带姓呼唤；喊的时候，两边耳朵都要喊，防止伤者有一侧耳背听不见。如轻拍、高呼后对方无反应，即判断为无意识。在判断意识的同时还要判断有无呼吸。救护者以手指确定伤者喉结后，手指滑向一侧，在喉结与胸锁乳突肌前缘之间触诊有无颈动脉搏动；或用棉花纤维，羽毛等放在伤者鼻孔处看是否波动，面部贴近患者鼻孔，感觉是否有气体呼出。

　　启动急救医疗服务体系。一旦判断伤者意识丧失、无呼吸，应立即呼救，并拨打急救电话，寻求会急救技能的人一起施救。打急救电话时要说明地点、原因、伤者数目、伤员情况、联系人电话、姓名等信息。

（二）建立有效循环——胸外心脏按压

　　（1）左手掌放在伤者胸部正中乳头连线水平（胸骨下1/2）处，右手掌放在左手背上（抢救成人用双手，抢救儿童可用单手，抢救婴儿用中指、无名指）。

　　（2）手臂伸直，垂直下压胸腔4—5厘米（儿童3厘米，婴儿2厘米），然后放松，放松时掌根不要离开患者胸腔。

　　（3）按压要平稳、有规则、不间断，不能冲击猛压。

（4）每分钟按压频率至少为100次，但不超过120次。

（5）按压时目光聚集在伤者面部，观察伤者反应和面色变化。

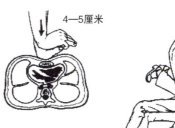
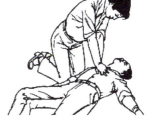

（三）畅通气道（呼吸道）

伤者心跳、呼吸停止后，全身肌

图 10-1 胸外心脏按压

张力下降，舌肌松弛后坠而阻塞气道。此时应采用开放气道的方法，可使阻塞气道的舌根上提，气道通畅。

清除气道异物。将伤者置于仰卧位，解开衣领及裤带，先将头偏向一侧，清除口中污物、假牙及呕吐物等，再转为面朝上。

用仰头举颌法开放气道。施救者一手置于伤者额部，手掌向后向下用力，使其头后仰，另一手手指放在伤者下颌骨下方，同时用力将颌部向前向上举起。疑有颈部损伤的伤者，可用托颌法，施救者双手在伤者头部两侧握住下颌角，双肘支撑在伤者平躺的平面，用力向上托下颌，同时用拇指分开伤者口唇。

（四）人工呼吸

（1）口对口人工呼吸。如果伤者口中有异物，要先清除，疏通气道，保持伤者气道开放；捏紧伤者鼻翼；正常吸气后，用双唇包严伤者口唇，缓慢持续吹气（持续1秒）；吹毕即松鼻、松口，避免过度通气；患者胸廓出现明显起伏为有效；吹气两次，通气频率为10—20次／分钟。口对口人工呼吸是简单、常用和有效的方法。

图 10 2 口对口人工呼吸

（2）口对鼻人工呼吸。此方法在牙关紧闭、口不能张开、口部严重受伤等情况下使用。口对鼻人工呼吸时，应使伤者双唇紧闭，口唇包鼻吹气，与口对口人工呼吸基本相同。

（3）注意观察伤者胸部，操作正确能看到伤者胸部有起伏，并感到有气流呼出。

阅读延伸

心肺复苏教学演示

二、止血应急措施

一般成人总血量大约4000毫升。短时间内丢失总血量的1/3（约1300毫升），容易休克。失血者表现为脸色苍白、出冷汗、血压下降、脉搏虚弱等。如果丢失总血量的一半（约2000毫升），则组织器官处于严重缺血状态，很快会导致死亡。

（一）一般止血法

一般止血限于无明显动脉性出血。小创口出血，有条件时先用生理盐水冲洗局部，再用消毒纱布覆盖创口，用绷带或三角巾包扎；无条件时可用冷开水冲洗，再用干净毛巾或其他软质布料覆盖包扎。如果患部有较多毛发，如头部，在处理时应先剪剃毛发。

（二）指压止血法

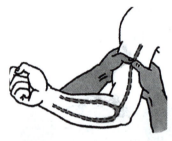

图10-3　指压止血法

指压止血法是一时无包扎材料和止血带的紧急情况下的临时止血法，适用于处理较急剧的动脉出血。把手指压在出血动脉近端的邻近骨头上，可阻断血液运输来源，但是止血不易持久。指压止血的同时，应准备材料换用其他止血方法。采用此法，救护者必须熟悉各部位血管出血的压迫点。

（1）头顶部出血。在伤侧耳前，用拇指压迫颞浅动脉。

（2）头颈部出血。用大拇指对准颈部胸锁乳突肌中段内侧，将颈总动脉压向颈椎。注意不能同时压迫两侧颈总动脉，以免造成脑缺血坏死。压迫时间也不能太久，以免造成危险。

（3）上臂出血。一手抬高患肢，另一手拇指在上臂内侧出血位置上方压迫肱动脉。

（4）前臂出血。在上臂内侧肌沟处，施以压力，将肱动脉压于肱骨上。

（5）手掌和手背出血。将患肢抬高，用两手拇指分别压迫手腕部的尺动脉和桡动脉。

（6）手指出血。用健侧的手指使劲捏住伤手的手指根部两侧，即可止血。

（7）大腿出血。屈起伤侧大腿，使肌肉放松，用大拇指压住股动脉（在大腿根部的腹股沟中点下方），用力向后压。为增强压力，另一手可重叠施压。

（8）足部出血。在内外踝连线中点前外上方和内踝后上方摸到胫前动脉和胫后动脉，用手指紧紧压住可止血。

（三）加压包扎止血法

加压包扎止血，是用消毒的纱布、棉花做成软垫放在伤口上，再用力加以包扎，以增大压力达到止血的目的。此法应用普遍，效果较好，但要注意加压时间不能过长。如果创口较大而出血较多，要加压包扎止血，包扎的压力应适度。严禁把泥土、面粉等不洁物撒在伤口上，以免造成伤口进一步污染。由外伤引起的大出血，如不及时予以止血和包扎，会严重威胁人的健康乃至生命。

（四）屈肢加垫止血法

当前臂或小腿出血时，可在肘窝、腋窝内放以纱布垫、棉花团或毛巾、衣物等，屈曲关节固定，但骨折或关节脱位者不能使用。

（五）皮止血带止血法

常用的止血带是1米左右的橡皮管。止血带止血时，掌心向上，止血带一端由虎口按住，一手拉紧，绕肢体2圈，中指和食指将止血带的末端夹住，顺着肢体用力拉下，压住"余头"，以免滑脱。注意使用止血带止血要加垫，不要直接扎在皮肤上。每隔60分钟放松止血带3—5分钟，放松时慢慢用指压法代替。

三、呼吸道异物处理方法

食物或异物进入呼吸道会引起呼吸道阻塞或障碍，有性命之危。呼吸道进入异物时，伤者会出现剧烈的咳嗽或有鸡鸣、犬吠样的喘鸣音，并可能伴有口唇和面色发紫或苍白，不能说话和咳嗽，有的甚至很快出现昏迷，心跳停止。呼吸道异物阻塞的应急处理方法大致有如下四点：

（1）施救者站在伤者身后，用双手抱住伤者的腰部，一手握拳，用拇指的一侧抵住伤者的上腹部肚脐稍上处，另一只手压住握拳的手，两手用力快速地向内向上挤压。

（2）当伤者昏迷倒地时，救护者应面向伤者，两腿分开跪在伤者身体两侧，双手叠放，下面手掌根放在患者的上腹部肚脐稍上处，两手用力快速地向内向上挤压。

（3）婴幼儿发生呼吸道异物阻塞时，需将婴幼儿面朝下放在施救者的前臂上，再将前臂支撑在大腿上方，用另一只手拍击婴幼儿两肩胛骨之间的背部，促使其吐出异物。如果无效，可将婴幼儿翻转过来，面朝上，放在大腿上，托住背部，头低于身体，用食指和中指猛压其下胸部（两乳头连线中点下方一横指处）。反复交替进行拍背和胸部压挤，直至异物排出。

（4）对呼吸停止者，在排出异物后应做人工呼吸。

四、伤口包扎

包扎是各种外伤急救中最常用、最基本的技术之一。包扎得当，有压迫止血、保护伤口、防止感染、固定骨折和减少疼痛等作用。

包扎常被应用于普通外伤、骨折及其他如烧伤、动物抓咬伤等外伤。

包扎材料以绷带、三角巾、方形长带最为多见。在现场急救时，如没有专用的绷带和三角巾，可将衣物、床单、毛巾等物撕成布条来代替绷带，也可将衣物、床单（以棉质为首选）裁成三角巾。目前，已有各种新型的绷带面市，如弹性绷带、自粘绷带等。绷带包扎一般用于固定肢体、关节，或固定敷料、夹板等。三角巾包扎主要用于包扎、悬吊受伤肢体等。

（一）身体重要部位伤口包扎

1. 胸部伤包扎方法

如果胸腔受伤穿孔，吸气时胸腔扩展，空气会进入伤口，引发肺功能衰竭，这是胸部伤引起的最大危险之一。此时，应及时用手掌捂住伤口，阻止吸气时空气进入；患者应仰卧，头和肩膀倾向受伤的一边；用大块疏松湿润的敷剂堵塞伤口，或者利用塑料片、铝箔（最好外包一层凡士林）堵塞伤口，用绷带包扎好。

2. 腹部伤包扎方法

腹部受伤可能损坏内脏器官，引起内出血。此时，用湿润布条润湿伤者嘴唇和舌部，会使伤者感觉好受许多。如果腹腔内的器官如结肠、小肠脱出体外，要保护好，并保持其湿润。这时不要将其压迫、塞回腹腔内复位，否则会为营救后的手术带来麻烦，而要采用特殊的方法进行包扎。先用大块的纱布覆盖在脱出的内脏上，再用纱布卷成保护圈，放在脱出的内脏周围，保护圈可用碗或皮带圈代替，再用三角巾包扎。伤员取仰卧位或半卧位，下肢屈曲，尽量不要咳嗽，严禁饮水进食。

3. 头部伤包扎方法

头部受伤很可能伤及脑部，伤口也可能影响正常呼吸和饮食。要确保舌根不会抵住喉管，保持呼吸通畅，必须除去假牙或已脱落的碎牙，控制住流血。清醒伤者可以坐卧，昏迷伤者如果颈部和脊椎无伤，必须按照恢复位侧卧。这里以三角巾材料为例，详解头部受伤如何包扎。

头部包扎法：将三角巾底边向外上翻折两指宽，盖住头部，在眉上、耳上把两底角和顶角在枕后交叉，在前额中央打结。

面部包扎法：把三角巾一折为二，在顶角处打结，顶角对准伤者中指至腕横纹，折成一条线；从折叠处对准伤者中指二节，再折成一条线；从折叠处对准伤者中指一节，最后把第二、第三条线折成两角，对准第一条线，用剪刀剪成圆形，即留出口、眼、鼻。

单眼包扎法：将三角巾折成三指宽的带形，以上 1/3 处盖住伤眼，下 2/3 处从耳下端绕向脑后至健侧，在健侧眼上方前额处反折后，转向伤侧耳上打结固定。

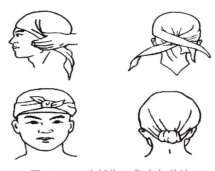

图 10-4　头部伤三角巾包扎法

双眼包扎法：将三角巾折成三指宽带形，从枕后部拉向双眼交叉，再绕向枕下部打结固定。

下颌包扎法：将三角巾折成三指宽带形，留出系带一端从颈后包住下颌部，与另一端在颊侧面交叉反折，转回颌下，伸向头顶部在两耳交叉打结固定。

（二）包扎注意事项

遇到伤者大出血或骨折等情况时，错误的包扎会导致伤口感染、肢体坏死等后果；而不为伤者进行包扎，则可引起持续性出血而导致死亡。只有及时、正确地包扎，才能够帮助伤者止血、保护伤口，从而挽救生命。

在包扎时应做到：使用干净无污染的布料，动作要迅速准确，不能加重伤者的疼痛、出血或伤口污染；包扎不宜太紧或太松，太紧会影响血液循环，太松会使敷料脱落或移动；包扎四肢时，指（趾）端最好暴露在外面，以便观察血液流通情况；用三角巾包扎时，角要拉紧，包扎要贴实，打结要牢固；打结处不要位于伤口上或背部，以免加重疼痛或影响睡眠。

五、骨折急救措施

骨折固定是创伤救护的基本技术之一。骨折固定对伤者极为重要，合理地固定能减少出血、减轻疼痛，防止损伤血管、神经、骨髓等重要组织，避免截瘫，且有利于伤者的移动与搬运。

（一）骨折的分类

人体骨骼因外伤发生完全或不完全的断裂叫作骨折。由于致伤外力的不同，可造成不同类型的骨折，骨折处与外界直接相通的叫开放性骨折，未与外界相通的叫闭合性骨折。根据骨折的程度不同，又可分为完全性骨折和不完全性骨折。不同类型的骨折其治疗处理的方法不尽相同。

（二）骨折的急救要点

骨折的临时固定，是指对伤处加以稳定处理，使伤者在运送过程中不因搬运、颠簸时断骨刺伤血管、神经，免遭额外损伤，减轻伤者痛苦。骨折的急救有以下要点。

1. 止血

要注意伤口和全身状况，如伤口出血，应先止血，后包扎固定。

2. 加垫

为使固定妥帖稳当和防止凸出部位的皮肤磨损，在骨突处要用棉花或布块等软物垫好，使夹板等固定材料不直接接触皮肤。

3. 不乱动骨折的部位

为防止骨断端刺伤神经、血管，在固定时不应随意搬动伤者；外露的断骨不能送回伤口内，以免增加污染。现场急救时，搬动伤者伤肢是难免的，为避免伤者再次受伤，要先将伤者搬到安全处包扎固定，这时可以一人握住伤处上方，另一人握住伤处下端沿着肢体的纵轴线做相反方向的牵引，在伤肢不扭曲的情况下让骨断端分离开，然后边牵引边同方向移动，固定时应先捆绑断处上端，然后绑下端，最后再固定断端的上、下两个关节。

4. 固定、捆绑的松紧要适度

固定、捆绑过松容易滑脱，失去固定作用，过紧会影响血液循环。固定时应外露指（趾）尖，以便观察血流情况变化，如发现指（趾）尖苍白或青紫时，可能是固定包扎过紧，应放松重新包扎固定。固定完成后应记录固定的时间，并迅速送医院做进一步的诊治。

（三）骨折固定的材料

1. 夹板

夹板用于扶托固定伤肢，其长度、宽度要与伤肢相适应，长度一般要跨伤处上、下两个关节。没有夹板时可用树枝、竹片、厚纸板、报纸卷等代替。

2. 敷料

敷料一是用于垫衬的材料，如棉花、布块、衣物等；二是用于包扎捆绑夹板的材料，如三角巾、绷带、腰带、头巾、绳子等，但不能用铁丝、电线包扎捆绑。

阅读延伸

骨折固定术

第二节　突发状况的处理

当前大学生意外伤害事件是教育界乃至全社会都十分关注的重要问题。大学生除了要掌握日常应急救护的一些基本知识和自救互救技能外，还要时刻注意和防止意外伤害的出现，更要学会意外伤害应急处理方法。

一、溺水急救措施

溺水是循环呼吸骤然停止的一种急症。溺水的现场急救是整个急救治疗过程中最关键的一环，现场急救是否及时有效，直接关系到溺水者的生命安危，对溺水者的救护应争分夺秒。

图 10-5　谨慎下水施救溺水者

（1）当自己溺水后，首先不能惊慌失措，要大声呼救，并憋住气躺在水面上，顺水漂流，等待救援或漂到岸边；其次要尽量将头部伸出水面，找寻身边有无木板、竹竿等物；最后，当有人来救援时，要主动配合，不要紧抱救援者，以防"双方全部处于危险之中"。

（2）发现别人溺水时应尽快将其救出水面。但施救者若不懂得水中施救或不了解现场水情，不可轻易下水；如果水性很好可下水施救；如果附近有救生圈、竹竿、木板或绳子等，应赶快抛给溺水者或携带入水，以便营救。

（3）若距溺水者较远，应采取自己最熟悉的入水动作迅速游向目标进行救护。从溺水者的身后接近，然后，一手迅速托其腋下，使溺水者头部露出水面。若溺水者仍继续挣扎，可用臂压住其一臂，而手则抓住其另一臂，使溺水者不能攀抓，再将其头部托出水面，用反蛙泳（蛙式蹬腿的仰泳）或侧泳托带其上岸。

（4）将溺水者救出水面后要平放在地面，迅速撬开其口腔，清除其咽内、鼻内的异物，如淤泥、杂草等，使其呼吸道保持通畅。

（5）及时倒水。为溺水者倒水可采用以下两种方法：

方法一：肩背倒立倒水法。将溺水者双脚提起，使溺水者呈倒立状，用手轻拍溺水者背部。

方法二：伏膝倒水法。抢救者应左脚跪地将溺水者腹部置于右大腿上，使其头部及上肢下垂，抢救者左手将溺水者脸朝地面使头部稍抬起，右手轻拍溺水者腰背部。溺水者呼吸、心跳停止时，应立即进行人工呼吸和胸外心脏按压。直至

图 10-6　肩背
倒立倒水　　　　图 10-7　伏膝倒水

呼吸、心跳恢复，并及时拨打急救电话。

（6）由于呼吸、心脏在短期恢复后还有可能再次停止，因此千万不要放弃人工呼吸，应坚持等到专业救护人员到来为宜。

（7）注意给溺水者保暖，如果溺水者清醒，应及时让其饮用一些热水或热饮料。

二、触电急救措施

如果遇到触电情况，要沉着冷静，迅速果断地采取应急措施。

（1）发生触电时，最重要的抢救措施是迅速切断电源。

（2）如果一时不能切断电源，救助者应穿上胶鞋或站在干的木板凳上，双手戴上厚的塑胶手套，用干的木棍、扁担、竹竿等不导电的物体，挑开触电者身上的电线，尽快将其与电源隔离。

（3）未断电前不可赤手直接与触电者的身体接触，否则会造成更多的人触电。

图 10-8　正确隔绝电源

（4）110—220 伏交流电对心脏有很强的作用，心室纤颤是触电死亡的主要原因。电流量接触身体达到 18—22 毫安，会引起呼吸肌不能随意收缩，致使呼吸停止，产生严重窒息。因此，对触电者的急救应分秒必争，若发现触电者心跳、呼吸已停，在医生到来之前，应排除触电危险后立即进行口对口人工呼吸和采取胸外心脏按压等复苏措施。除少数确实已证明被电击死亡情形外，在医务人员未接替抢救前，现场抢救人员不得放弃抢救。在抢救过程中每隔几分钟判定一次生命迹象。如果抢救者体力不支，可轮换多人操作，直到使触电者恢复呼吸、心跳，或确诊已无生还希望为止。

（5）触电电源与皮肤接触的部位主要表现为烧伤。由于触电时肢体肌肉强烈收缩，还可发生骨折或关节脱位，电击伤也可引起内脏损伤或破裂。对触电造成的局部电灼伤，可用盐水棉球洗净创口，外涂蓝油烃或覆盖凡士林油纱布。

（6）为预防感染，应到医院注射破伤风抗毒血清，并及早选用抗生素。另外，应仔细检查有无内脏损伤，以便及早处理。

案例

2017 年 10 月 29 日，东莞理工学院粤台产业科技学院大学生邓某，在莞城校区学生宿舍房间内洗澡时触电。同学在关闭宿舍电源后，很快将邓某拉出洗手间并进行抢救，其他同学随即拨打"120"急救电话。救护车到现场抢救并将邓某送往医院，后抢救无效宣布死亡。同宿舍一名同学拉救邓某时被余电击伤，一起送往医院，经观察后无碍。

分析

当电热水器在运转时，肯定会有电流通过。电热水器将水烧开之后，会处于保温状态，热水器仍然在工作，如果这时没有将插头拔下来，仍然是很危险的。大学生在使用电热水器时，除了要养成及时拔下插头的好习惯，还可以安装防漏电和防触电装置，做好防护，才能真正在使用时处于安全状态。

三、烧伤的急救措施

烧伤一般指热力烧伤，包括热液（水、汤、油等）、蒸气、高温气体、火焰、炽热金属液体或固体（如钢水、钢锭）等所引起的组织损害，主要指皮肤或黏膜，严重者也可伤及皮下和黏膜下组织，如肌肉、骨、关节甚至内脏。

（一）普通烧伤的急救

普通烧伤的急救可以分为五个步骤，即"冲、脱、泡、盖、送"。这五个步骤缺一不可，先后顺序乱了也不行。

1. 冲

冲指的是用清洁的流动冷水轻轻冲或浸泡烧伤部位。一般的自来水中细菌含量很少，完全可以使用，不用担心可能发生感染，即使烧伤当时已造成表皮脱落，也同样可以用自来水冲。自来水冲烧伤部位时，要坚持 20 分钟以上，冲的时候，不要把水龙头直接对准烫伤部位，最好冲在伤口一侧，让水流到烫伤处，以防止自来水管里的压力过大，对烧伤处造成二次伤害。如果疼痛持续较重，可延长冲浸的时间。

2. 脱

脱并不是指烧伤后立马脱下衣服，而是先用冷水充分地冲洗和浸泡后，在冷水中小心除去衣物。如果衣服和皮肤黏在一起，可以用剪刀剪开衣服，千万不要强行剥去衣物，先将未粘着的部分剪去，粘着的部分留在皮肤上后续再处理。如果有水泡，不要擅自弄破，因为水泡表皮在烧伤早期有保护创面的作用，能够减轻疼痛，减少渗出。

3.泡

对于疼痛明显者可持续浸泡在冷水中10—30分钟。此时，主要作用是缓解疼痛，而在烧伤极早期的冲洗和浸泡能够减轻烧伤程度，十分重要。但对于大面积烧伤患者及小孩和老人，要注意浸泡时间和水温，以免体温下降过度造成休克，延误了治疗时机。

4.盖

盖是指用干净无菌的纱布或棉质的布类覆盖于伤口，并加以固定。这样可以减少外界的污染和刺激，有助于保持创口的清洁和减轻疼痛。因为皮肤是人体最重要的屏障，一旦皮肤破损缺失，无孔不入的细菌就有机可乘了。如有水泡，不可压破，以免引起感染。而且水泡不挑破，皮肤是完整的，细菌不易进入，起泡的皮肤还能起到保护创面的作用。

5.送

如果烧伤比较严重，伤口面积占整体面积的10%—20%时，需入院治疗，应立即送往专业治疗烧伤的医院进行进一步正规诊治。

（二）特殊化学物质烧伤的急救

大学生在做化学实验时，如果遇到被以下特殊化学物质烧伤，不要盲目处理，避免造成二次伤害。

1.口服腐蚀性酸性物质烧伤

口服腐蚀性酸性物质可引起上消化道烧伤，喉部水肿和呼吸困难，此时建议口服鸡蛋清或牛奶等中和，禁止用小苏打中也不宜自行插胃管洗胃，以免引起胃穿孔。

2.生石灰烧伤

因生石灰遇水反应可释放大量的热，加重损害，故应先将残留在创面上的生石灰弄干净，再用水冲洗。冲洗自来水，可迅速达到降温效果。另外，对少烧伤部位降温的同时，降温部位的毛细血管会遇冷收缩，可起到减少水肿、止痛的作用。

3.磷烧伤

磷可在空气中自燃，故急救时应首先脱去受磷污染的衣物，用大量清水冲洗创面及周围皮肤。如现场缺水，应用浸透的湿布包扎或掩盖创面，以隔绝空气。禁用油质药物或纱布，避免磷溶解在油质中被吸收。

（三）保护伤处有"三不"

烧伤的地方，如果保护不好，容易引发再次感染，因此要做到以下"三不"。

1. 不要随意涂抹任何药物

不要向烧伤创面随意涂抹药物，如不明剂量的抗生素、消毒剂等，以免引起过量吸收导致中毒。

2. 不要涂抹不易清除物质

有些人烧伤后以为涂抹牙膏、香灰、黄酱、酱油、香油等物质能处理烧伤问题，这是不对的。这些物质对创面起不到任何治疗作用，反而会妨碍清创和增加创面污染的机会。

3. 不要用冰敷

有些人为了降温直接给伤口冰敷，其实这是错误的方法。因为高温会伤害皮肤，低温也会造成伤害。烧烫伤后，受损的皮肤已经失去表皮的保护，冰块的温度太低，冰敷的时间长了，皮肤容易冻坏。

阅读延伸

轻度烧伤急救

四、动物咬伤急救措施

（一）毒蛇咬伤现场急救

如不幸遭遇毒蛇咬伤，应注意以下急救要点：

（1）拨打"120"急救电话。

（2）迅速离开现场。受伤或被激怒的毒蛇可能反复咬人，若有机会可将毒蛇杀死。如有条件，可将毒蛇与伤者一起带入医院。

（3）绑扎伤肢。迅速用鞋带、裤带之类的绳子绑扎伤口的近心端。如手指被咬伤可绑扎肘关节，脚趾被咬伤可绑扎趾根部，足部或小腿被咬伤可绑扎膝关节下，大腿被咬伤可绑扎大腿根部。然后用手挤压伤口周围，或用工具吸，将毒液排出体外。绑扎部位每15—30分钟放松1—2分钟，绑扎时间一般不超过2小时，避免肢体缺血坏死。

（4）清洗伤口。立即用凉开水、泉水、肥皂水或1∶5000的高锰酸钾溶液冲洗伤口及周围皮肤，洗掉伤口外表毒液。

（5）切开伤口排毒。如伤口内有毒牙残留，应迅速挑出，用小刀或碎玻璃片等其他尖锐物（使用前最好用火烧一下消毒），以牙痕为中心十字切开，深至皮下，然后用手从肢体的近心端向伤口方向及伤口周围反复挤压，促使毒液从切口排出体外，边挤边用清水冲洗伤口，冲洗挤压排毒需持续20—30分钟。尽量避免用口吮吸伤口排毒，否则有中毒的危险。

（6）平稳送院。在伤者中毒明显时，应在采取上述措施之后，立即用车或担架将伤者平稳地送入医院。

（二）猫、狗咬伤现场急救

图10-10　被猫、狗咬伤要尽快处理

人被带有狂犬病病毒的猫、狗抓伤或咬伤后，会引起狂犬病，一旦发病，无法救治，几乎100％死亡。狂犬病的典型症状是发热、头痛、怕水、怕风、四肢抽搐等。猫、狗咬伤现场急救要点如下：

（1）首先要挤出污血，用肥皂水反复冲洗伤口。然后用清水冲洗干净，冲洗伤口至少要20分钟。最后涂擦浓度75％的酒精或者2％—5％的碘酒。只要未大量出血，切记不要包扎伤口。

（2）尽快到市疾病预防控制中心或各区（县）卫生防疫站的狂犬病免疫预防门诊接种狂犬病疫苗。第一次注射狂犬病疫苗的最佳时间是被咬伤后的24小时内。

（3）如果一处或多处皮肤被咬穿，伤口被动物的唾液污染，必须立刻注射疫苗和抗狂犬病血清。

（4）将攻击人的宠物暂时单独隔离，尽快带到附近的动物医院诊断，并向动物防疫部门报告。

（三）蜂、蝎蜇伤现场急救

（1）被蜜蜂或马蜂蜇伤后，应立即彻底拔出毒刺，然后用肥皂水、3％氨水等弱碱性溶液清洗及外敷。也可用食醋洗涤及外敷，并涂抹柠檬、橙子等果汁，然后用力掐住被蜇伤处，用嘴反复吸吮，以吸出毒液。

（2）被蝎子蜇伤后，立即用鞋带或布条扎紧伤口近心端，然后再以小刀或玻璃片经火烧杀菌后，呈十字形划开伤口处皮肤，拔出毒针，用弱碱性液体清洗伤口，由包扎处向伤口方向尽力挤压排毒，或用火罐拔出毒素。

（3）将被蜂蝎蜇伤的伤口处理完毕后，可采撷鲜蒲公英、紫花地丁等解毒草药捣烂外敷。若伤口红肿，可用冷毛巾或冰袋冷敷。初步处理后，尽快送医院治疗。

第三节　常见急症救护

在日常生活学习中，大学生还会碰到一些其他的急症问题，如煤气中毒、休克和猝死等，对这些急症的处理稍有不慎就容易造成生命危险。所以，了解和掌握这些急症的处理办法是很有必要的。

一、煤气中毒时的紧急救护

煤气是生活中重要的能源，它给生活带来便利的同时，也易因使用不慎或意外而造成安全事故。家庭中煤气中毒主要指一氧化碳、液化气、管道煤气、天然气中毒，一氧化碳中毒多见于冬天用煤炉取暖，门窗紧闭，排烟不良时，液化气、管道煤气、天然气中毒常见于液化灶具泄漏或煤气管道泄漏等。煤气中毒的症状有：脸色潮红、头痛、头晕、恶心、耳鸣，慢慢出现呼吸困难、意识障碍等。

（一）感到中毒时离开危险区域

当中毒者自身感到煤气中毒时不要慌张，要镇定地关掉煤气开关，打开门窗，然后走出室内。如无力打开门窗，可砸破门窗玻璃等，使之通风，并呼叫救援者。遇到煤气中毒事件时，救护者不要直接冲进煤气浓度很高的室内，以防中毒，进入室内必须先打开门窗通气，千万不能开灯、点火、拨打手机等，防止爆炸。进入溢满煤气的室内抢救伤者时，应先吸一大口空气，然后用湿毛巾或手帕等捂着口鼻进入室内，先打开窗户，再关掉煤气。

图 10-11　发生煤气中毒时，
要立即关闭阀门，开窗通风

（二）救护中毒者

抢救时，先解开中毒者的衣服，放松皮带，按以下顺序做检查：脸色、意识、呼吸、心跳、肢体抽搐、麻木、呕吐等情况。对意识消失者，使其保持昏睡体位，以保持气道通畅。呼吸停止时，对其做人工呼吸。若心跳停止，立即做心肺复苏术。

对中毒较重的病人，除了吸入新鲜空气外，还要让其吸入氧气，使血液中氧含量快速增高，更快地驱赶体内的一氧化碳。病人如已经陷入昏迷，可以针刺人中（鼻沟上 1/3 处）、十宣（十指指尖）、涌泉（足底 1/3 处，人字纹下）等穴位。如果病人呼吸心跳不规则或刚刚停止，就要立即进行人工呼吸和胸外心脏按压，要坚持进行，不要中途轻易放弃抢救。

（三）使用燃气器具时的注意事项

认真阅读燃气器具的使用说明书，严格按照说明书的要求操作、使用。经常保持燃气器具的完好，发现漏气应及时检修；使用过程中遇到漏气的情况，应该立即关闭总阀门，切断气源。燃气器具在工作状态中，人不能长时间离开，以防止火被风吹灭或被锅中溢出的水浇灭，造成煤气大量泄漏而发生火灾。使用时，应充分保证室内通风，保持足够的氧气，防止煤气中毒。

案 例

2013 年 2 月，六名某医科大学学生在北京医院实习，其间住在医院附近的出租房内。其中一名大学生在事发当晚没有回到出租房内居住，第二天早上 6 时许，这名大学生回到出租房屋，准备和同住的室友一起去上班，几次敲门，门内始终无人应答，后来才发现屋内五人因煤气中毒已经不省人事。虽然急救人员以最快速度将他们分别送往中日友好医院及朝阳医院，但这五名大学生还是没能逃脱死亡的厄运。

分 析

> 冬季取暖或使用煤气时，一定注意室内通风换气，这是预防煤气中毒的关键。要克服麻痹思想，房内生火取暖，一定要安装排烟设备，并经常检查有无堵塞和漏洞，及时修理。晚上睡觉的时候，窗户要打开，形成空气对流，以免人在熟睡的情况下，吸入煤不完全燃烧产生的一氧化碳或者因煤气泄漏造成中毒。

阅读延伸

冬季预防煤气中毒

二、休克时的紧急救护

（一）休克的表现

休克是由于严重创伤、烧伤、触电、骨折的剧烈疼痛和大出血等引起的一种威胁伤者生命、极危险的严重综合征。虽然有些伤不能直接置人于死地，但如果救治不及时，其引起的严重休克常常导致人死亡。休克的症状是口唇及面色苍白、四肢发凉、脉搏微弱、呼吸加快、出冷汗、表情淡漠、口渴，严重者可出现反应迟钝，甚至神志不清或昏迷，口唇肢端发绀，四肢冰凉，脉搏摸不清，血压下降，无尿。

（二）休克现场急救

发现有人休克时，要使伤者平卧，下肢稍抬高，以利于大脑血流供应，但伴有心力衰竭、肺水肿等情况出现时，应取半卧位。要保持安静，避免随意搬动，以免增加心脏负担，使休克加重。还要注意保暖，保持呼吸道畅通，以防发生窒息。

如因过敏导致休克，应尽快脱离致敏场所和致敏物质，并给予备用脱敏药物如扑尔敏片口服。有条件的要立即吸氧，对于未昏迷的病人，应酌情给予含盐饮料（每升水含盐 3 克、碳酸氢钠 15 克）。对疼痛剧烈的伤者，要服止痛药，也可以打止痛针。

三、晕厥时紧急救护

（一）晕厥的表现

晕厥亦称晕倒，常为血管神经性和心脑疾病引起，如疼痛恐惧、过度疲劳、情绪紧张、气候闷热等因素，都会诱发血管神经性晕厥。此外，心律失常、心肌梗塞、高血压、脑血管痉挛也会发生暂时性知觉丧失现象而突然晕倒。在晕倒前常见周身发软无力、头晕、眼黑目眩的症状；晕倒后，可见面色苍白、出冷汗、脉搏微弱等情况。轻度晕厥，经短暂的休息，即可清醒，醒来后可能会有头痛、头晕、乏力等症状。

（二）晕厥现场急救

发现有人晕厥时，要让其平卧，解开衣领和腰带，使其呼吸通畅；打开室内门窗，便于空气流通，另外将头部稍低，双足略抬高，保障脑部供血。如果病人有心脏病史并怀疑可能是心脏病变引起的晕厥时，应使其半卧，以利呼吸；也可针刺或用手指掐病人的人中、内关、合谷等穴，促其苏醒。注意对病人身体的保暖，随时观察病人呼吸、脉搏等情况。待病人清醒后，可给病人服用温糖水或热饮料（在病人晕厥时，忌经口给病人任何饮料及药物）。经处理仍未清醒，应及时进行呼救或妥善送往附近医院。

四、猝死的紧急救护

（一）猝死的含义

平时身体貌似"健康"的人，因潜在的疾病突然发作或恶化，在正常工作、生活或运动中，身体某器官不堪负荷，突然昏倒在地，意识丧失，面如死灰，脉搏消失，呼吸、心跳停止，瞳孔放大，这种突然发生的死亡叫猝死。多数人猝死前无明显预兆，个别表现为面色灰白、大汗淋漓、血压下降、室性早搏等。

（二）猝死的原因

1. 工作压力过大

精神压力是看不见摸不着的东西，是药物无法缓解的。大多年轻的心梗患者，都长期从事着高强度、高负荷的工作，精神高度紧张，使血液中的儿茶酚胺持续增高，引发局部血管斑块破裂，造成猝死。

2. 久坐不动

长时间的久坐不动，会减缓人体的新陈代谢速度，使血液黏稠度升高、血液循环变慢，血回流到心脏也变得困难起来，这一系列的改变都可能诱发血栓，造成猝死的风险。

3. 雾霾天还剧烈运动

雾霾天锻炼，或在车辆密集的路段跑步、骑车，会吸入很多 PM2.5 和尾气，再加上身体的剧烈运动，很容易引发心脏供血不足，导致猝死。尤其是心血管疾病的高危人群，最好在医生的指导下，在环境较为清静、空气较为清新的地段进行锻炼。

4. 心情抑郁，长期睡眠不足

坏情绪和失眠常常同时存在也是猝死的重要诱原。坏情绪是心脏的大敌，心情抑郁或焦虑的人通常睡眠质量会很差，心脏得不到休息，血压、心率都会升高，对健康非常不利。所以熬夜（长期的睡眠不足）也是猝死的一大帮凶，好睡眠不仅是好的睡眠质量，还需要充足的睡眠时间。

5. 暴饮暴食，不爱运动

人吃得太饱后，胃肠道需要大量的血液消化食物，因此流入心脑的血液会大幅度减少。所以，对于本身供血不足的人而言，一顿饱餐很容易引发猝死。

（三）猝死现场急救

拨打急救电话，并进行心肺复苏。当发现有人突然意识丧失而倒地时，应立即就地将其平放在硬板或地上，拍击其面部并呼叫，同时用手触摸其颈动脉部位以确定有无搏动，若无反应且没有脉动时，应立刻进行心肺复苏。首先使其头部后仰以畅通气道，继而进行有效的胸外按压，同时进行口对口人工呼吸。这些基本的救治措施应持续到专业急救人员到场。

安全之窗

经历溺水之后的心理疏导

当溺水死亡事故不幸发生后，对幸存玩伴心理将产生严重的影响。他们会出现恐水反应，严重者甚至不敢洗澡。同时也会出现不同程度的内疚感、失控感、无力感、挫败感和孤独感，同时安全感、信任感、自尊心和亲密关系将受到严重损害。

此时，哀伤辅导是个体从不幸事件中恢复过来的有利促进措施，哀伤辅导的目标是协助当事人在恰当的时间内以恰当的方式引发正常的哀伤，让当事人体验失落感，正确处理已表达或潜在的情感，克服失落后再适应过程中的障碍，以健康的方式坦然地将情感投注到新关系里，逐渐修复自我。辅导过程和任务包括：接受丧失，经历悲伤的痛苦，重新适应环境和自我世界，将情绪活力重新投入其他关系和事业上。

当事人接受丧失事实，重新调整自己适应环境和自我世界后，应将情绪活力重新投入其他关系和事业上。

真正完成哀伤过程的当事人对生活应重新充满希望、用心构建自我世界、营造良好的人际关系。

安全问答
安全救护常识测试题

紧急电话汇总

匪警 110

火警 119

森林火警 95119

急救中心 120

红十字会急救台 999

水上求救专用电话 12395

道路交通事故报警 122

天气预报 121

报时服务 117

供电局 95598

文化市场综合执法 12318

税务局通用电话 12366

市话障碍自动受理 112

消费者申诉举报电话 12315

价格监督举报 12358

质量监督电话 12365

机构编制违规举报热线 12310

环保局监督电话 12369

国际人工长途电话 103

国际直拨受话人付费电话 108

国内邮政编码查询 184

国内邮政特快专递 11185

附录

大学生安全教育宣传片：
《董安全的一天》

附录一　普通高等学校学生安
全教育及管理暂行规定

附录二　普通高等学校
学生管理规定

附录三　国家教育考试
违规处理办法

安全知识测试答案

参考文献

[1] 史文权，杨柳春.大学生安全知识读本 [M].武汉：武汉大学出版社，2014.

[2] 刘永富，陈秀英.大学生安全教育 [M].北京：化学工业出版社，2014.

[3] 王雄伟.大学生入学教育 [M].湘潭：湘潭大学出版社，2014.

[4] 吉林省高等教育学会保卫专业委员会.大学生安全教育简明手册 [M].北京：高等教育出版社，2014.

[5] 刘志军，张宝运.大学生安全教育图鉴 [M].济南：山东人民出版社，2015.

[6] 理阳阳.大学生安全教育 [M].西安：西安电子科技大学出版社，2015.

[7] 蔡昌卓.当代大学生安全课堂 [M].北京：中国人民大学出版社，2015.

[8] 郭林桦，叶明，赵祥伦.新编大学生安全教育读本 [M].贵阳：贵州大学出版社，2015.

[9] 安徽省高等学校保卫工作研究会.大学生安全教育 [M].合肥：安徽大学出版社，2015.

[10] 张根田.大学生安全防护手册 [M].北京：世界知识出版社，2015.

[12] 佟会文.大学生安全教育指南 [M].沈阳：东北大学出版社，2015.

[13] 张久伟，蓝蓝.大学生安全教育 [M].北京：北京理工大学出版社，2015.

[14] 李刚.大学生安全教育读本 [M].哈尔滨：哈尔滨工程大学出版社，2015.

[15] 曹广龙.大学生安全教育 [M].镇江：江苏大学出版社，2015.

[16] 方正泉.大学生安全教育指南 [M].苏州：苏州大学出版社，2015.

[17] 杨军，李磊.大学生安全知识读本 [M].北京：北京师范大学出版社，2016.

[18] 万红.大学生安全教育 [M].郑州：河南大学出版社，2017.

[19] 庞若通.大学生安全教育 [M].上海：同济大学出版社，2017.

[20] 蒋丽芬，张威.大学生安全教育 [M].北京：高等教育出版社，2017.

[21] 杨福梅，包仓.大学生安全教育 [M].南京：东南大学出版社，2017.

[22] 王忠林，熊伟.大学生安全教育 [M].成都：电子科技大学出版社，2017.

[23] 马先进.大学生安全教育 [M].长春：吉林大学出版社，2017.

[24] 郑恒山.大学生安全教育 [M].北京：北京师范大学出版社，2018.